THE JOY OF NOT KNOWING

为问题提出而教

支持学生从问题走向问题解决的学习模型

[英] 马塞洛 · 斯塔克夫 (Marcelo Staricoff) 著　高 凡 译

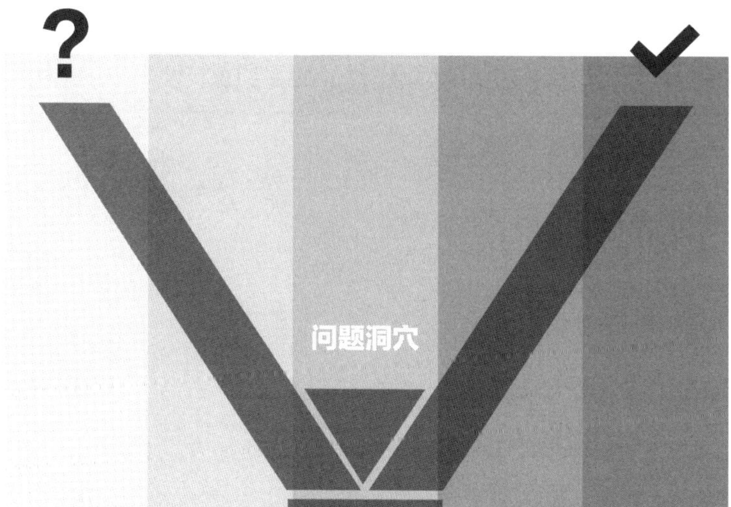

A PHILOSOPHY OF EDUCATION TRANSFORMING TEACHING, THINKING, LEARNING AND LEADERSHIP IN SCHOOLS

中国青年出版社

图书在版编目（CIP）数据

为问题提出而教：支持学生从问题走向问题解决的学习模型 /（英）马塞洛·斯塔克夫著；高凡译. —北京：中国青年出版社，2024.5

书名原文：The Joy of Not Knowing: A Philosophy of Education Transforming Teaching, Thinking, Learning and Leadership in Schools

ISBN 978-7-5153-7271-6

Ⅰ. ①为… Ⅱ. ①马… ②高… Ⅲ. ①问题教学 Ⅳ. ①G426

中国国家版本馆CIP数据核字（2024）第076003号

为问题提出而教：支持学生从问题走向问题解决的学习模型

作　　者：［英］马塞洛·斯塔克夫
译　　者：高　凡
责任编辑：宋希晔
文字编辑：步欣旻
美术编辑：张　艳
出　　版：中国青年出版社
发　　行：北京中青文文化传媒有限公司
电　　话：010-65511272 / 65516873
公司网址：www.cyb.com.cn
购书网址：zqwts.tmall.com
印　　刷：大厂回族自治县益利印刷有限公司
版　　次：2024年5月第1版
印　　次：2024年5月第1次印刷
开　　本：787mm × 1092mm　　1/16
字　　数：150千字
印　　张：16.5
京权图字：01-2022-3988
书　　号：ISBN 978-7-5153-7271-6
定　　价：59.90元

“不知道的快乐”问题提出学习方法

“不知道的快乐”问题提出学习方法将课程和学校生活的每一个方面都转化为一种个性化的、有意义的和令人愉快的体验。它为读者提供了一个创新的、理论性的和实践性的指南，以建立一个以价值观为基础的、以探究为主导的、富于挑战的学习方法，从而进行教学与学习。

这本发人深省的指南为读者提供了丰富的、易于实施的、可塑的、实用的想法和案例研究，可以根据每个环境、年级和课程的愿景进行个性化调整。作为一个全校性的框架，它汇集了已被证明对教育者的专业成就，以及对儿童未来的终身发展机会、对学习的热爱、内在动机，以及想要知道的热情有最大影响的策略，即**“不知道的快乐”问题提出学习方法，它能够：**

◆ 使学校可以通过定制的“不知道的快乐”学习周启动新学年，使每个学生都能在课程的各个领域取得成功

◆ 培养哲学地、创造性地和批判性地解决问题的思维能力，接受多语言和多文化的学习方法

◆ 建立有关思考、学习和领导力的合作文化

◆ 通过教师参与行动研究，来为实践提供信息

◆ 在学校生活中纳入以价值观为主导的民主方法，并使其在不确定的外界环境中繁荣发展

◆ 培养学校—学生—家庭—社区的伙伴关系

这本实用指南是为各层级和各年龄段的学校领导及教学者设计的，它展示了所有学生如何能够茁壮成长，并发展成为成功的学习者及全球公民。

马塞洛·斯塔克夫博士（Dr. Marcelo Staricoff）：萨塞克斯大学（University of Sussex）教育学讲师。1992年获得生物化学博士学位，马塞洛·斯塔克夫曾是一名科学家、校长，因其在教育领域的成就，2019年他被任命为英国特许教学学院的创始成员，并于2023年成为高等教育学院成员。同时，他也是《开始思考》（*Start Thinking*）一书的作者。

多方赞誉

这是一本精彩的书，其中包含了许多关于如何在早期教育机构或小学建立真实的学习文化的实际案例。作者利用自己作为教师和校长的广泛研究经验，帮助读者形成他们对于学习发现、挑战的重要性和能够解释思维的洞察力的深刻理解。无论你是刚刚开始教师生涯，还是已经拥有多年的儿童学习研究经验，这对你来说都是一本值得深入研究并从中获得乐趣的书。我向你推荐这部作品，并希望你能在斯塔克夫的指导下，发现许多与你现有的哲学产生共鸣的东西——甚至更多的是，能够促使你获得启发并采取行动的内容。

艾莉森·皮科克（Alison Peacock）
英国特许教学学院首席执行官

本书为读者提供了一个具有哲学意义的教学理念和策略，让读者从根本上重新思考如何激发和培养学习者的好奇心。无论你是经验丰富的学校领导，还是从事初始教师教育的初级专业人员，本书都提供了一个发人深省的指南，展现了开放的课堂文化，让学生参与到不确定性中，培养其对终身学习的信念。扎根于教学智慧和丰富的实践范例，“不知道的快乐”问题提出学习方法从建立以价值观为导向的原则和精神，转向分享个性化学习、跨学科发展和全校性学习方法的结构化模式，使对学习的热爱不仅成为快乐和灵感的来源，还成为存在和认知的方式。

西蒙·詹姆斯·汤普森（Simon James Thompson）
英国教育部门负责人，2016年英国国家教学研究金奖获得者如果说“心灵不是一个需要填充的容器，而是一团需要点燃的火焰”，那么本书就是一颗火种。马塞洛·斯塔克夫制作了一个既处于前沿又值得信任、既具有挑战性又具有支持性的资源。“不知道的快乐”问题提出学习方法提供了一个经过深思熟虑的、综合的、连贯的模式，重点是确保学校社区的每个成员，特别是每个孩子的最佳学习状态。这是一个高度包容的战略，支持个人发展、学术发展，以及文化资本的建立。

约翰·韦斯特–伯纳姆（John West-Burnham）
独立作家、教师、教育领导力顾问

我们度过了令人惊奇的学习周。孩子们就如何看待他们的学习提出了一些奇妙的想法，所有人都在谈论上课时遇到的困难，家庭作业已经被学习日记所取代，我们一直在使用爱德华·德·博诺[1]（Edward de Bono）的6顶思考帽，正在为网站策划有关数学计算的视频（孩子们喜欢这些！），且今天下午的课间，每个小组都将进行一场哲学会话。教师们告诉我，他们非常喜欢这个活动，这让他们想起了自己选择成为教师的原因。

大卫·奥尔德姆（David Oldham）
马尔巴顿初级学校校长，诺福克郡，英国

完整的“不知道的快乐”问题提出学习方法允许儿童从他们的错误中学习并拥有属于自己的学习方式，这对我们的成果产生了重大影响。我们将在9月举办“学习周”活动。这不是一个快速解决方案，而是一个全校性的学习方法，如果所有教育者都能尝试，孩子们将受益良多。

贝弗·西奥博尔德（Bev Theobald）
马尔巴顿幼儿学校校长，诺福克郡，英国

[1] 6顶思考帽是“创新思维学之父”爱德华·德·博诺博士提出的一种思维训练模式，或者说是一个全面思考问题的模型。——编者注

“不知道的快乐”问题提出学习方法是鼓舞人心的，它有可能引发教育变革。

格雷姆·库什尼（Graeme Cushnie）
巴洛学校校长，马恩岛，英国

让孩子感受“不知道的快乐”，是我们为激励他们持续学习而能做的最好的事情之一，试试吧！

诺福克海岸联合会教师，
诺福克郡，英国

致

艾米丽（Emily）和托马斯（Thomas）

目录

致谢

我要感谢劳特利奇出版社的责任编辑布鲁斯·罗伯茨（Bruce Roberts）和莫莉·塞尔比（Molly Selby），感谢他们在本书编写过程中给予的所有指导、支持和鼓励。我还要感谢约翰·韦斯特-伯纳姆，感谢他在我的职业生涯中给予我的所有灵感和指导，感谢他为本书撰写序言。非常感谢菲利帕·奥尔德里奇（Philippa Aldrich）的敏锐洞察和宝贵建议，它们支持本书形成了最终版本。同时，我想对罗莎莉娅·斯塔克夫（Rosalia Staricof）表示最特别的感谢，她在我的整个写作过程中提供了许多支持性的、富有挑战性的想法，我们数小时的谈话最终被证明对本书的拓展非常有帮助。

我想感谢众多的同事、学生、家人和朋友，感谢他们所有的灵感和智慧，他们对我职业发展生涯的每个阶段及这本书的形成做出了根本性的贡献，他们给予了我太多帮助。十分感激托尼·特温（Tony Tween），作为基督教堂小学的校长，他为我提供了第1个职位和许多令人兴奋的机会。同时，我尤其想感谢阿兰·里斯（Alan Rees，1952—2017），他作为我曾就职的位于布里斯托尔的韦斯特伯里公园小学的校长，以及我的导师和朋友，在我作为教师的成长岁月中对我产生了极为重要的深远影响。我想对大卫·米林顿（David Millington）和格雷厄姆·派克（Graham Pike）表示衷心的感谢，与他们在一起工作的每一分钟都很愉快，而且充满了实验性，似乎在不断地重新定义可能性的界限。我还要感谢露丝·迪肯-克里克（Ruth Deaking-Crick），在我参与“有效的终身学习清单”项目时，她的灵感和独特见解对我的实践产生了巨大影响。感谢莎莉·杰克尔（Sally

Jaeckle），她的谈话发挥了重要作用，帮助我的教学实践扎根于教学法和哲学的奇迹之中，而这些奇迹使儿童早期教育变得十分特别。

我想向位于布莱顿的赫特福德幼儿学校的整个社区表示非常热情和特别的感谢，感谢他们让我在担任校长期间经历了如此多神奇和难忘的时刻。我想特别感谢理查德·布拉德福德（Richard Bradford）和威廉·迪汉（William Deighan），感谢他们提出的想法及跨阶段的合作工作。非常感谢艾莉森·皮科克，她的友谊和专业指导一直是我职业生涯中的关键组成部分，现在仍然如此。

感谢黛博拉·艾尔（Deborah Eyre）和林恩·麦克卢尔（Lynne McClure）在布里斯托尔的"高飞"项目中发挥的变革性领导作用。感谢罗杰·萨克利夫（Roger Sutcliffe），他向我介绍了哲学的奥秘，也感谢与SAPERE董事会的同事们一起工作的许多难忘岁月。感谢史蒂夫·威廉姆斯（Steve Williams）和霍华德·沙伦（Howard Sharron）的支持和鼓励，感谢他们出版了我的第1本书《开始思考》。

感谢纳尔逊子爵教育网络的主任丹尼斯·沃克（Denise Walker）和ASSET教育的首席执行官克莱尔·弗林托夫（Clare Flintof），以及成员学校的所有同事和学生们，他们为本书提供了启动平台。感谢萨拉·布拉格（Sara Bragg），她是我在布莱顿大学借调期间一位非常有影响力的同事，也感谢萨塞克斯大学的西蒙·汤普森（Simon Thompson）。

最后，感谢安娜（Anna）、艾米丽（Emily）、托马斯（Thomas）、古斯塔沃（Gustavo）和朱恩（June），感谢他们所有的鼓励、指导、耐心与支持，没有他们，这本书将无法完成。

序言

虽然人们近年来在课程性质和高质量教学的重要性方面做了大量的工作，但我们在有效学习的性质方面仍然没有达成专业的共识。我们已经写了很多东西，证据库也在不断扩大，并带来越来越大的信心和影响力，但我们还有很长一段路要走。这不是在寻找一种能够解决我们在教学效果和确保公平方面所有问题的灵丹妙药，而是在寻找那些从学校实践中成长起来的、对教师如何教学和学生如何学习产生明显影响的可靠模式。在历史上，教育曾一直被占星家所困扰，而我们需要的是天文学家——提供连贯的概念模型和有研究依据的实践。

如果说“心灵不是一个需要填充的容器，而是一团需要点燃的火焰”，那么本书就是一颗火种。马塞洛·斯塔克夫制作了一个既处于前沿又值得信任、既具有挑战性又具有支持性的资源。“不知道的快乐”问题提出学习方法提供了一个经过深思熟虑的、综合的、连贯的模式，重点是确保学校社区的每个成员，特别是每个孩子的最佳学习状态。这是一个高度包容的战略，支持个人发展、学术发展，以及文化资本的建立。各种策略都植根于成功的课堂实践和有效的学校领导，而且有大量值得信任的案例保证了所述策略的可信度。

“不知道的快乐”问题提出学习方法的每一个方面都是基于马塞洛的专业实践与经验发展而来。学生的工作实例、解释关键概念的图表以及支持和验证关键观点的广泛来源为本书做了丰富的说明。“不知道的快乐”问题提出学习方法可以被看作一个深刻变革的宣言，也可以被看作一份宝贵的资源，为支持学生思考及学习提供多样的模型与策略。同时，它将支持教师的教学研究及专业发展。

约翰·韦斯特–伯纳姆

前言

为了学习新的东西，我们必须先不知道它。

马塞洛·斯塔克夫

这本书是我所学到的所有知识、所有启发我的人以及在我作为教师、校长、讲师、作家、顾问、特许教学学院创始成员以及在进入教育界之前作为研究科学家的整个职业生涯中令我着迷的所有内容的集合。本书描绘并传播了这些经验如何实现了“不知道的快乐”问题提出哲学的演变和创造，从最初在教室里的实验日到现在涉及学校整体学习的各个方面的模式。

我非常幸运，在任教的第1年，我参加了一个为期两年的“高飞”项目。该项目最初是为了研究如何为当时所谓的“能力较强的儿童”提供有效的服务，资金来源于出售布里斯托尔机场的一段跑道！该项目涉及当地12所中小学，由两位专家黛博拉·艾尔和林恩·麦克卢尔领导。在职业生涯的早期阶段参与这个研究项目，对我的实践和教育理念的形成产生了很大的影响和作用。我开始意识到教育的巨大潜力，它不仅可以通过课程激励学习者，还可以影响他们对学习过程的热爱程度。项目的发展使我了解到旨在培养学生推理能力、分析性、批判性、创造性和哲学性思维的举措，以及推动好奇心和带来有效沟通的复杂语言。孩子们开始真正喜欢“玩”每个想法，并为大家一起创作而感到兴奋。很快就可以看出，我们正在开发一种能够**促进内在动力、创造性思维和想要学习的热情的课堂存**

在方式。

3年后，在我任教的第2所学校，作为灯塔项目的一分子，我又有机会在这项工作的基础上更进一步。这一次的举措侧重于发展由价值观、思维能力、加速学习、哲学和终身学习驱动的全校文化气氛。这些重点领域的选择是基于对模仿整个学校早期教育实践和教育哲学的尝试。该项目使我们与布里斯托尔大学建立了合作伙伴关系，共同研究如何将高效的终身学习者的行为习惯纳入日常课堂教学。该项目使我们能够与其他一些教育专家紧密合作。例如，罗伯特·费舍尔（Robert Fisher）在思维能力和创造力方面的研究使他完成了《开启创造力》（*Unlocking Creativity*）中的一个案例；罗杰·萨克利夫、威尔·奥德（Will Ord）和巴里·海默（Barry Hymer）是儿童组织SAPERE的哲学委员会的同事；詹姆斯·诺丁汉（James Nottingham），他正在领导一个为提高英国诺森伯兰郡社会和教育期望值而成立的组织（NRAIS），当时他将学习洞穴（Learning Pit）的概念介绍给我，后来我重新对其进行阐释，将“不知道的快乐”学习理念包含在内；约翰·韦斯特-伯纳姆和他在领导力与学习个性化方面的工作，以及海伦·威尔逊（Helen Wilson）在和大卫·科茨（David Coates）以小学科学为重点的行动研究对我起到了很大的指导作用；黛博拉·艾尔当时是华威大学国家天才青少年学院的负责人，她邀请我加入该学院的智囊团，促进英国国家政策的形成。

这种全班性的、以价值观为导向的、非能力标签的、注重思考技能的、哲学的和终身学习的教学方法带来了一条很有说服力的洞察，即**孩子们开始带着热情和开放的心态，以问题的形式来构建他们的观察和思想**。课堂上似乎有一种无限丰富的集体好奇心。当我开始意识到他们提出的大多数问题我都不知道答案时，就知道这个方法奏效了。我记得我当时在想，不知道他们问题的答案有助于创造一种模式，即让孩子们认为老师是学习的共同参与者。这种文化使得学生、教师和课堂观察者，都开始在情感、社交和学习能力方面有安全感，特别是当我们发现自己处于不知道和不确定的情况中时。我们集体学会了接受这些不确定的时刻，并将其作为发现、学习和获得新知识的机会。在这之前，我们从未意识到“不知道”是多么令人激动的事情，尤其是我们在集体“不知道”的同时，也在发展“想知道”的热情。

谢夫（Schef）曾在1988年给《纽约时报》（*New York Times*）的编辑写过一封信，在信中他讲述了诺贝尔物理学奖得主伊西多·艾萨克·拉比（Isidor Isaac Rabi）和他的朋友阿瑟·赛克勒（Arthur Sackler）的一段问答，很好地说明了好奇心和质疑改变我们看待世界的方式的能力：

> 赛克勒问：“你为什么要成为一名科学家，而不是像你附近的其他移民孩子那样成为一名医生、律师或商人？”
>
> 拉比回答说：“是我的母亲使我成为一名科学家，但她从未打算这样做。布鲁克林的其他母亲都会在放学后问她们的孩子：‘那么，你今天学到什么了吗？’但我的母亲不会，她会说：‘伊西多，你今天问了一个好问题吗？’正是这种差异，即提出好的问题，使我成为一个科学家！”

“不知道的快乐”问题提出学习方法鼓励家庭以非常类似的方式与他们的孩子接触，利用学校的一天作为一个机会，提出问题，启发孩子反思他们当天的发现、观察、想法、反思、疑惑和新发现的好奇心，以下是有关放学后我们可以向孩子提问的示例（见图0.1）：

图0.1　关于在放学后提问孩子的想法

我很高兴有机会通过这本书分享我心目中丰富的灵感资源，使你们都能取得超出你们设想或想象的成果。在我成长的岁月里，在课堂上进行如此广泛实验的自由通过高级领导层、校长职位和其他许多过去和现在的合作，为现在正在英国国内和国际上应用的全校教育和领导哲学铺平了道路。

“不知道的快乐”理念和方法的核心是希望在学校中创造条件，当它们结合在一起时，可以使学校对儿童的生活机会和每个儿童在社会、情感和学术上自由成长的能力产生最大的影响。人们认为，儿童的生活机会受到3个主要因素的影响，格罗夫斯（Groves）和约翰·韦斯特-伯纳姆将其称为“3个影响领域”，并指出，任何类型或科目的成功学习都是这3个变量复杂的相互作用的结果：

个人遗传因素（50%）

社会和经济因素（20%—30%）

学校（20%—30%）

这些“生活机会”的决定性因素与纳托尔（Nuthall）描述的塑造学生学习的3个世界是如此的相似：

学生自己的私人世界和经验
极具影响力的同龄人世界
教师的公共世界

在我第1次担任校长期间，我创建了“不知道的快乐”问题提出理念，以涵盖支撑我们所建立的全校性方法的哲学。那是一段充满创造力的合作时期，我们与诗人罗杰·史蒂文斯（Roger Stevens）建立了极好的合作关系，并出版了诗集《曾有一池的史莱姆》（*Once a Pond of Slime*）。我以该书的出版为契机，写了一首个人诗篇来描述“不知道的快乐”方法的精神、哲学和情感。

我在此刻歌唱
与学校同步的节拍
与这里所有的孩子们
每天学习，日积月累
我的使命
是永远站在自己哲学的中心

充满欢欣
带着比以往知道更多的欲望

带着那么多有趣的问题
和此刻自然表现的
无穷无尽的好奇心

对万事万物如此感兴趣
难以言说的喜悦
你永远感觉不到孩子们的疲惫
或看到他们争执、抱怨
他们永远充满热情
去追求、尝试那些不可能

我希望学校能给予他们未来需要的一切
这样生活中出现的任何事都不能让他们感到畏难
这是我永远希望的
孩子们能享受他们的人生
永远怀着快乐和无数想要发自内心为之歌唱的事物

最重要的是，我希望这本书能够为学生与教育者提供灵感，让他们在追求创新、享受和变革的过程中进行试验，并在每个教室和学校建立起激励性的学习文化，最大限度地发挥詹姆斯（James）、伦诺登（Renowden）和约翰·韦斯特-伯纳姆所说的“教育在支持所有人获得更高的生活质量方面所具有的巨大潜力”。

1

内容简介

1 内容简介

正是因为我们处于不知道的
境况中，我们才有机会学习。
马塞洛·斯塔克夫

“不知道的快乐”问题提出学习方法是一种创新的教育理念，通过创造条件，以对提出问题、探究未知的热情取代由不知道、不确定、错误产生的担忧和焦虑情绪，使学习者和教师都能有所收获。

“不知道的快乐”问题提出学习方法旨在作为一种存在方式、思考方式和生活方式，为教育者提供一个实用且令人愉快的原则、策略、系统和想法来源，以促进学生和教育者对学习、教学、协作的热爱，包括学生作为他们自己学习的领导者及作为学校战略领导团队的重要声音。这些想法都是基于现实生活中的情景，书中使用了大量的工作实例和案例研究来说明教育者如何阐释、构成并调整“不知道的快乐”问题提出学习方法的各个方面。

本书确保每一章都含有丰富的、实用的且易于实施的想法，解释每一个想法背后的理论和原理，并使每一个想法对所有人，即准教师、新手教师、早期职业教师和有经验的教师来说都具有吸引力。本书还从学校管理者和校长的角度描述了每一个想法，并提供了逐步指导，说明如何引入、实施、嵌入和维持这些想法，使其成为整个学校规划和发展基础架构的一部分。

本书的目的是让读者在其职业生涯的各个阶段有机会将书中的观点转化为专业的实践，根据个人情况对其进行调整、发展和个性化。“不知道的快乐”问题提出学习方法所倡导的专业实践以儿童为中心，以富有调查性、探究性的教学方法为基础，并以启发所有年龄段的学生和担任不同角色的教育者的方式进行应用。

“不知道的快乐”问题提出学习方法的非规定性使学校能够根据它们自己的教育理念对所提出的每个想法进行定制——在现有的实践基础上，以一种可以帮助学校实现其下一步发展目标的方式，将精神和理念融入其中。

“不知道的快乐”问题提出学习方法的全校教育和领导理念是由图1.1所示的6个紧密关联的、以道德和原则驱动的领域来定义的。

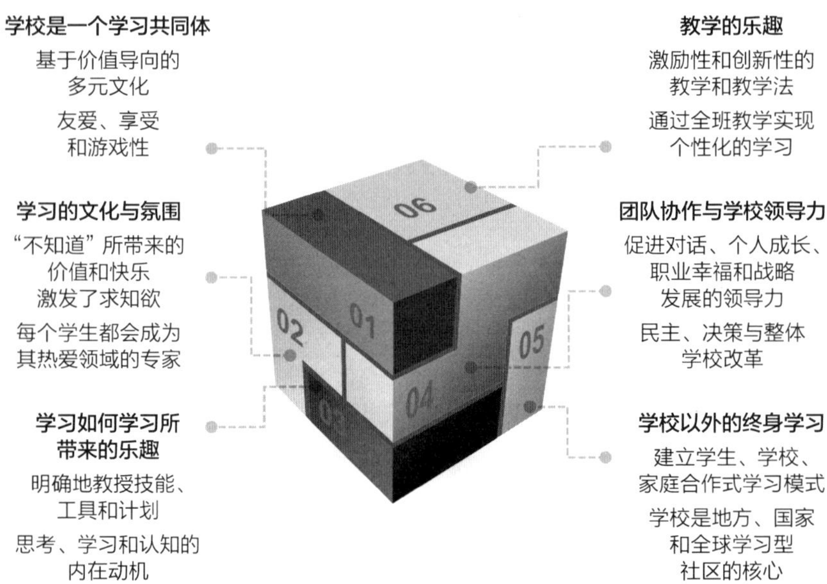

图1.1 “不知道的快乐”问题提出学习方法的6个领域

这6个紧密关联的、由道德与原则驱动的主题使“不知道的快乐”问题学习真实地发生在全校教学中。图1.2列举了帮助6个主题成为学校基石的要素，使阿尔伯特·爱因斯坦（Albert Einstein）的观点“我从不教导我的学生，我只是尝试提供让他们学习的条件”成为教学的写照。爱因斯坦的观点精准地概括了教育的本质、目的，以及教育者能够给予学生的价值。

图1.2是一份参考指南和路线图，包含了完整的“不知道的快乐”问题提出学习方法。该图为读者划定了一个章节，其中介绍和描述了支撑“不知道的快乐”问题提出学习方法的6个紧密关联的精神和原则的每一项举措。

“不知道的快乐”问题提出学习方法的理念通过问题提出模型被直观地反映给了学习者。正是在对这些模型的讨论中，孩子们获得了作为独特学习者的幸福感，因为这些模型为他们说明了学习过程是如何发展的，以及学校如何培养每个孩子掌握专业知识，使他们能够在学校、校外和整个生活中利用各种机会自由成长。

“不知道的快乐”问题提出学习方法是建立在这样的信念之上的：当孩子们感觉到他们拥有在情感、学术、社会方面获得成功所需的一切时，这种作为学习者的幸福感就会产生。为了使每个孩子都能做到这一点，“不知道的快乐”问题提出学习方法将每学年的第1个星期定为“学会学习周”（Learning to Learn Week，LTLW），它被用来明确地教导孩子们如何成功地学习，如何建立一个合作和鼓舞人心的学习文化，以及如何在教室内和整个学校内为这种文化做出贡献。“不知道的快乐”问题提出学习方法旨在通过拥抱和赞美每个人和每个学校的独特性，并通过创造以价值观为主导的、个性化的全校学习和社会文化，使每个孩子都能根据自己的特点和情况自由成长。罗宾逊（Robinson）和阿罗尼卡（Aronica）强调了在学校建立个性化学习文化的重要性，认为这是实现教育转型的一种方式。在《创新学校》（*Creative Schools*）一书中，他们指出：

图1.2 “不知道的快乐”问题提出学习方法章节导引

> 我们正处于前所未有的时刻，可以利用我们的创意和技术资源来改变而不是改革教育。我们现在有无限的机会来激发年轻人的想象力，并为他们提供高度定制的教学和学习方式。

约翰·韦斯特–伯纳姆在他的文章《个性化学习的领导力》（Leadership for Personalised Learning）中，也描述了建立个性化学习文化的好处：

> 一项集中了学校所有资源的策略，通过确保学习经验适合每个学习者，使他们能够在支持下决定学习什么、如何学习、何时学习以及与谁学习，从而确保他们的潜力得以展现与发展。

如图1.2所示，“不知道的快乐”问题提出学习方法通过建立丰富的、以价值观为主导的、富于挑战的举措，来创造一种个性化的学习文化，这些举措涉及6个主要领域。这种个性化方法的核心是相信，当学习在动机、做准备和支持方面做到个性化时，所有儿童都有能力、才能和潜力取得成功。这种对所有人都抱有高期望和愿望的精神使得向所有人提供每一个机会和每一个挑战成为可能，而不需要根据对个人能力的预先判断来提供。

黛博拉·艾尔在“创造无限制学习”项目中的工作有力地证明了以挑战为基础、不以能力分组的教学方法的好处。在一篇题为“最高层的空间，全纳教育促进高绩效”（Room at the Top，Inclusive Education for High Performance）的政策交流文章中，她指出：

> 有潜力达到最高水平，也就是达到先进的认知水平的学生比我们曾经认为的更多。而确保这一点的方法是建立一个对更多的学生有更高期望的系统。实践这一方法的结果是提高整个系统的绩效，

这比通过任何具体的结构或教学改革更有把握。

在《普通学校为资优学生开设的课程》(*Curriculum Provision for the Gifted and Talented in Ordinary Schools*)中，黛博拉·艾尔和林恩·麦克卢尔支持对所有人采取富于挑战的方法，并评论说：

> 当教师专注于为最有能力或最有天赋的学生创造挑战计划时，他们通常会选择将任务提供给更广泛的群体。在教学方面，具有挑战性的任务需要更多的“专家行为”或“高阶思维”，且更有可能带来更高的成就水平。这些任务同时也能激发孩子们的智力发展，极大地调动他们的积极性，无论儿童的能力水平如何。

“创造无限制学习”项目是从“无限制学习”项目的工作中发展起来的，是剑桥大学和位于罗克瑟姆的沃克瑟姆学校进行的一次合作。他们的前提假设是非常具有启发性的，因为他们着手探索：

> 当整个工作人员团队共同努力创造一个不受能力标签和做法限制的环境时，提高每个孩子的学习能力的更广泛机会就成为可能。

因此，“不知道的快乐”问题提出学习方法建立的民主生活方式和学习文化允许所有个人成为学校战略思想的“共同参与者”“共同贡献者”“共同创造者”和“共同执行者”。整个学校的学习气氛建立了一种以价值观为主导的学习文化，并作为有效理解和吸收新知识能力的先导。如何最大限度地将这些概念应用于日常实践，是定义零点项目(Project Zero)精神和工作的核心主题。零点项目是由哲学家纳尔逊·古德曼

（Nelson Goodman）于1967年在哈佛大学教育研究生院创立的组织。零点项目将这些概念的组合称为“为理解而教”。“不知道的快乐”问题提出学习方法中的“卓越、丰富、快乐模型”（Model of Excellence, Enrichment and Enjoyment, MEEE）旨在确保“为理解而教”成为教学和学习过程中各个方面的组成部分。

零点项目的教育学家们所进行的研究假设，学习和理解是思考的结果。通过“不知道的快乐”问题提出学习和思考模型，读者可以看到这一假设的直观表述，它说明了学习和理解确实是思考的结果，是包含思考、学习、理解、知道与不知道的相互关系的一部分。思考在学习过程中的重要性是贯穿本书的一个特点，本书为读者提供了各种策略，这些策略被专门设计为“不知道的快乐”问题提出学习方法的一部分，以培养和发展儿童在课程各个领域中的创造性、批判性、分析性和哲学性思维。

“学会学习周”从每学年一开始就向所有学习者灌输一种深刻的内在动力，明确地教导孩子们如何享受超越舒适区的思考，接受不确定性和挑战，并作为好奇的和独立的终身学习者自由成长。“学会学习周”还建立了一种课堂文化，在这种文化中，教师不仅被视为传授知识的专家，还被视为激励和创造条件的专家，激发学生的学习欲望，并不断超越既定的界限。

大卫·伍德（David Wood）于1998年出版的《儿童如何思考和学习》（*How Children Think and Learn*）一书很好地描述了这种成人和儿童共同参与的学习观的重要性，他在书中指出：

> 当我们帮助孩子解决一个问题时，我们是在提供条件，使他能够开始感知他的经验中的规律和结构。如果让孩子独自一人，他就会被不确定性所击倒，不知道该注意什么或该做什么。

令人着迷的是，在这句话中，大卫·伍德提到了被不确定性所击倒的危险。整个“不知道的快乐”问题提出学习方法的开发就是为了阻止学习者出现这种情况，事实上，该方法是通过建立学习者对不确定性及问题的开放心态来实现的，因为学习者可以意识到不确定性不仅是获得新知识的前提条件，也是他们有能力克服的东西，即使有时候，处于不确定中似乎是我们唯一能预先确定的事情。萨克斯（Sacchs）于2018年出版的《不安的思考》（*Unsafe Thinking*）一书强化了对不确定性持有开放心态的重要性，他说："带着些许不适而能够从容自洽，使我们有更好的机会改变习惯模式，为新的可能性打开空间。"

本书交替使用幼儿、儿童、学生等术语，因为所有提出的想法适用于任何年龄段的孩子，同时书中的内容面向教师及任何领域的教育工作者，这样做的目的是让所有成年人感到他们能够在自己的角色中考虑、应用每个概念。

本书的章节结构以讨论要点、说明性案例研究和进一步阅读的形式，定期提供反思、对话、研究和成长的机会。

讨论要点

案例研究

建议阅读

在内容简介之后，第2章通过介绍支撑“不知道的快乐”问题提出学习方法介绍了如何将“不知道的快乐”问题提出的哲学引入班级，这往往会改变儿童对教育、学校和学习以及自身的看法。这一章提供了一系列的“不知道的快乐”学习模型，重点是学习过程的不同阶段，以及儿童如何利用他们的元认知思维能力从一个阶段进入下一个阶段。这一章还考虑了如何与全班讨论思考、学习、知道和不知道的概念，最后提供了一个模型，其中包括这4个概念的相互关系，将其作为整体学习过程的一部分。

第3章介绍了学校是社会的缩影这一概念，并展示了以价值观为主导的教育方法如何帮助学校创造全校性的学习文化，使社区能够欣赏学校和教育的价值，并在学习和情感、社会和智力方面的蓬勃发展中愉快地生活。本章介绍了构成“不知道的快乐”问题提出学习文化的要素，这些要素由全校性的价值观、儿童权利、终身学习能力、全球可持续性和社区联结所代表。

第4章介绍了“8个影响领域”的概念，这8个领域构成了关注教学和卓越、丰富、快乐模型。该模型有3种不同的版本，分别供教师、校长和学生使用。它们都是通过遵循经研究和经验表明对儿童学习影响最大的原则而开发的：预习、激发、建模、吸引、鼓励、游戏、反馈和元认知。这一章说明了这些领域中的每一个都可以丰富和支持针对所有学生的教学，培养教师的专业知识，并从领导力的角度帮助建立一个全校性的、智慧游戏形式的、由行动研究驱动的、冒险的、合作性的校园基础。这一章还介绍了这样一个概念：每位教师都是他们所在领域的专家，是学校多专业团队的积极参与者，是推动学校发展计划中的每个重点的关键力量。本章还介绍了学生作为学习主导者的概念，他们是每个班级选出的代表，与学校的高级领导团队一起工作，在学校的战略决策过程中发出自己的声音。

第5章专门论述了学校在每学年开始时开展专门的“学会学习周”的

原则。本章解释了如何建立“学会学习周”，从而能够明确地教导儿童如何作为独立的个体和学习者取得成功，以及如何使他们掌握在情感、社会和学术方面取得成功所需的所有工具、策略及能力。本章介绍了定义“学会学习周”的5个中心主题：学习模型、创造性和批判性思维、可见的思维和学习、哲学及课程的哲学方法，以及终身学习的能力。尽管“学会学习周”的原则是作为学校的工具而开发的，但它对高等教育和继续教育或任何以学习为核心的机构也同样有价值。

第6章讲述了“不知道的快乐”问题提出学习方法的实践关键。它提供了一个全面的、详细的和实用的指南——关于如何向班级介绍构成“学会学习周”的每一天和每一个主题的各条倡议。这一章首先邀请教师在“学会学习周”和新学年开始时使自己的班级参与关于教育的意义和目标的讨论，并建议通过在教育和建筑世界之间做一些有趣的比较来推动讨论。讨论之后是一项练习，使教师和学生能够以一种最大限度地提高每个人学习参与度的方式设计他们的课堂。接着，通过采用积极主动的学习方法，使学生理解“不知道的快乐”问题提出学习方法的原则和理念，向他们展示在身处“不知道”的境况中保持从容心态的价值，并确保每个孩子意识到他们自己是学习的专家。本章最后提出了对“学会学习周”期间介绍的各方面内容进行反思的想法，并为每一位教育者提供支持，使其能够计划和设计个性化的“学会学习周”，并将其作为年度例行工作的一部分。

本书继续用几章的篇幅详细讨论了在“学会学习周”中引入的主要原则。在第7章中，开放式的“思维技能启蒙”占据了中心位置。这一章展示了“思维技能启蒙”的概念如何使儿童的动机、创造性思维以及他们对教育和学校的看法产生巨大的转变。本章介绍了如何利用“思维技能启蒙”所倡导的日常生活来丰富课程的各个方面，并且通过“操场上的思考”这一理念来帮助整个家庭在课前和课后一起享受思考的乐趣。

第8章向读者介绍了哲学的奥妙，以及如何在整个课程中采用哲学方法进行教学，培养和发展每个学生天然的好奇心，以及对探索和知识的渴望。这一章说明了如何将哲学作为日常工作中不可或缺的一部分，以创造学习环境，使之成为合作探究的共同体，并促进批判性、创造性和哲学性思考的特殊自由。这一章向读者介绍了通过哲学问题呈现学习目标将会对儿童的参与度、想象力、好奇心及动机产生何种变革性影响，以及课堂上的哲学对话和辩论如何丰富每一节课，并对学生的参与度和动机发挥关键作用。本章还描述了如何将哲学作为一门学科并作为每周课程表的一部分，作为促进提问、提升创造性和批判性思维以及辩论技能的手段，并作为缩小儿童在学校可能遇到的词汇差距的工具——这也是儿童生活机会的主要决定因素之一。本章还介绍了选举学生为哲学主导者的原则，并讨论了这些学生如何为全校性的哲学方法做出贡献。

第9章介绍了能够支持终身学习的原则，以及学校如何通过纳入一套定制的终身学习计划，使所有学生都能成为高效的终身学习者。该章节将向读者介绍有效终身学习清单研究项目的结果，该项目确立了高效的终身学习者共有的7种关键能力：**创造性思维、批判的好奇心、意义创造、策略意识、合作、复原力、改变与学习**。本章描述了学校如何获得属于自己的一系列应对能力，以及如何通过行动研究的过程将这些能力作为日常工作的一部分加以应用。这一章提供了广泛的想法，包括将其作为全班互动展示及评价、元认知和解决问题的工具的基础，以及作为支持校内和向其他学校过渡的工具。

第10章的重点是在学校之外保持学习者的积极性以及建立强大的儿童一学校一家庭学习伙伴关系的重要性。这一章用儿童的工作实例来说明“不知道的快乐”问题提出学习方法的开放性和创造性思维技能方法如何应用于设置愉快的、创造性的、具有挑战性的、思考性的家庭学习任务，以支持和丰富课程的所有领域，并促进整个家庭参与家庭学习以及与学校合作的特殊时刻。

第11章介绍了本书的最后一个概念，即双语及多语言思维（Bilingual and Multilingual Thinking，BMT）。多语言和多文化的环境包含着每个人丰富的文化资本，培养学习者的双语及多语言思维能够帮助他们在愈加多元的文化与环境中收获认知与社交方面的提升。本书最后展示了西班牙一名7岁的孩子对“不知道的快乐”问题提出学习方法的理解，他将学习的过程描绘为走进“快乐洞穴”，洞穴象征着问题，而学习可以被视为在不确定中探索未知的旅程，孩子的表达生动地说明了“不知道的快乐”问题提出学习方法希望达到的目的，即学习者将学习，这一在未知中探索新知的过程本身视为一件让自己感到兴奋而快乐的事情。

2

“不知道的快乐”问题提出学习方法的重要性

2 “不知道的快乐”问题提出学习方法的重要性

正是因为我们能够在不知道的境况中感到愉悦且能够有所收获，我们才得以发展出支持学习的机制。

马塞洛·斯塔克夫

意识到自己“不知道”是学习的一个不可或缺的前提。本章所描述的“不知道的快乐”问题提出学习方法介绍了这样一个概念：学习新事物，我们必须先不知道它，并借助一系列模型与学生明确分享这一想法，以消除通常因感觉到自己不知道而引发的焦虑，让他们意识到：只有当我们发现自己处于不知道的状态时，我们才有机会学习。继而，不知道的焦虑被想要知道的热情所取代。

让孩子们从小就体会到不知道的快乐，这对他们在未来身处不确定、不知道、发现困难、面临不熟悉的概念以及发现自己处于“舒适区”之外的情境时能够做出适当的反应并在这些情况下茁壮成长具有变革性的影响。

以下这段师生对话说明，意识到自己不知道（某样事物）是帮助自己学习，以及使自己想要学习的一个关键因素。

在刚刚进行的全班讨论中，当我问你们一些问题，而你们知道全部答案时感觉如何？

孩子们经常说：

感觉非常好，我很高兴自己知道所有的答案。

然后，教师要求学生更深入地思考：

很好，我真的为你们感到快乐和开心，但如果你们已经知道我所有问题的答案，那么你们是否真的学到了新知识？

不，我们不认为我们学到了什么新东西，因为我们已经知道了。

这是孩子们常给出的一个结论。

这种非常简单的认知，也就是“不知道的快乐”问题提出学习方法的精髓，使儿童有可能开始从一个完全不同的角度来考虑学习。不久之后，他们就开始真正意识到，为了学习新的知识，“自己必须先不知道它”。这意味着一些特别的改变将要发生：消除先入为主的想法、个人障碍和忧虑，并以对学习、思考和认知的终身热爱来取代它们。

支持“不知道的快乐”问题提出学习方法，以及使其成为学习、思考、认知与教学过程的主要驱动力的原则、理论、概念和方法，被组合在以下描述的一系列模型中，它们都可以被当作课堂上的解释和激励工具使用。

以下各节在描述“不知道的快乐”问题提出学习模型时，都会向读者介绍一个学习原则。这一系列的模型作为一个集合支持：

- **学习者成功通过学习过程中的每一个步骤**
- **学校确保一切准备充分，使学习者能够通过学习过程中的每一步**

问题提出学习模型

用一个模型来阐释“不知道”作为“想知道”的催化剂的价值

在“不知道的快乐”问题提出学习模型中，学习者有两个选择。如果学习者知道所提出问题的答案，他们就可以跳过问题洞穴，从图2.1中的位置1移到位置3。但是，如果他们不知道答案，或者不确定，感到困惑，他们首先要走进问题洞穴，从图2.1中的位置1移动到位置2，在他们解决问题后，就可以从问题洞穴中走出，从图2.1中的位置2移动到位置3。

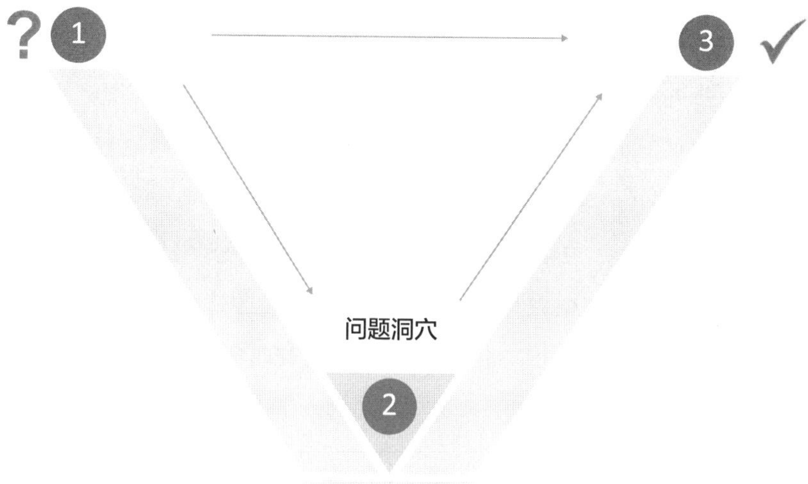

图2.1　问题提出学习模型

3个位置的意义

位置1

学习者总是从问题洞穴的左上角开始（在图中以问号表示）。问号通常与学习目标相关，但实际上它可以指我们在生活中需要解决的任何问题。如果学习者知道问题的答案，他们就可以跳过问题洞穴，从图中的位置1直接移动到位置3。但是，如果学习者不知道答案或对答案不确定，他们就需要进入问题洞穴，从位置1移动到位置2。

位置2

在问题洞穴中，学习者应得到来自学校的一份保证，即学校为他们提供解决问题所需的一切。这个位置是学习发生的地方，在这里学习者试图提出问题，与他人合作，决定使用什么资源，从各种策略中做出选择并解决问题。如果需要的话，可以再试一次——没关系，慢慢来。当孩子们找到了解决问题的方案，他们就能沿着图中位置2—位置3所示的路径走出问题洞穴。

位置3

这个位置是模型中非常有趣的地方，因为它既是知道答案，因此跳过问题洞穴的学习者的终点，也是从不知道开始，走过问题洞穴（遵循“进—出”路线）的学习者的终点。非常有趣的是，虽然每条路线的起点和终点都是一样的，但学习者最终抵达的位置却有很大的不同。跳过去的学习者在没有获得任何新知识或学到任何新内容的情况下到达了位置3，而走过问题洞穴“进—出”路线的学习者则是在获得和学习了新知识后到达了相同的位置。换句话说，学习旅程的起点是“不知道”。

教师可以与全班同学分析和讨论“不知道的快乐”问题提出学习模型的这3个阶段，帮助学生明确“不知道”给学习过程带来的价值，也能唤起他们独特的创造性思维。一个4年级的孩子曾经对跳过问题洞穴意味着你没有学到任何新知识的想法提出质疑，他说：“事实上，当我跳过问题洞穴时，我确实学到了一些新的东西。”这是一个非常耐人寻味的想法。如果他已经知道某件事情，他怎么可能学会呢？接着他有力地阐述了他的想法：“这很简单，我学到的是我已经知道了！”

这种思考展示了与全班同学公开和明确地讨论学习的价值。有关问题洞穴的讨论促使学生进行深度思考，并对自己已经知道的事情进行反思，产生自我意识。换句话说，他在进行元认知思考——当这一思考技能被掌握，就能帮助学习者在学习过程中的每个阶段取得成功。

在校学习模型

帮助学习者从不知道的位置走向知道的位置的基础结构

当学习者意识到，为了学习新的东西，他们必须遵循“进入并走出问题洞穴”的路线而不能跳过它，我们就必须向学习者保证，学校的教学基础结构为他们提供了所有他们需要的东西，从而帮助他们成功地走出问题洞穴，如图2.2所示。

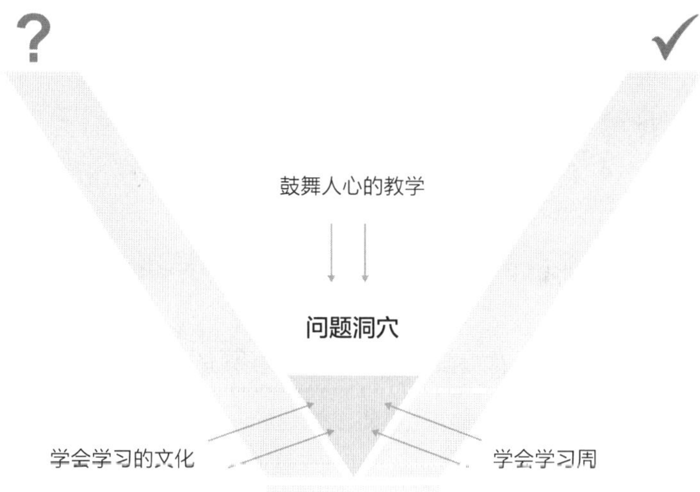

图2.2　在校学习模型

学会学习的文化

学会学习的文化指的是学校为支持学习者能够作为独立个体进行学习并取得成功而设置的结构：建立一种精神和价值观，该精神和价值观能够带来使所有学生茁壮成长的班级学习环境。发展“不知道的快乐”问题提出学习文化是第3章的重点。

鼓舞人心的教学

这是指学校在教学过程中使用鼓舞人心的教学方法，让学习者在任何时刻都感到充满热情和动力，并激发他们学习的欲望。鼓舞人心将作为卓越、丰富、快乐模型的一部分，将在第4章中重点讲述。

学会学习周

在学年伊始用一周的时间教授孩子们如何学习，并让他们了解学习所需的所有工具、技能和计划，以帮助他们进入课程，并最终成长为成功的终身学习者，以及能够进行富有创造性、批判性和哲学性思考的思想者。第5章和第6章的重点是阐释可以支持“学会学习周”运作的原则和策略。

个性化学习模型

每个学习者都能以自己的节奏获得想要的学习结果

个性化学习模型在任何时候都能满足所有学习者的需求。为了将这一概念传递给学生，我们不妨在这里将个性化学习模型暂时想象成一个游泳池，如图2.3所示。

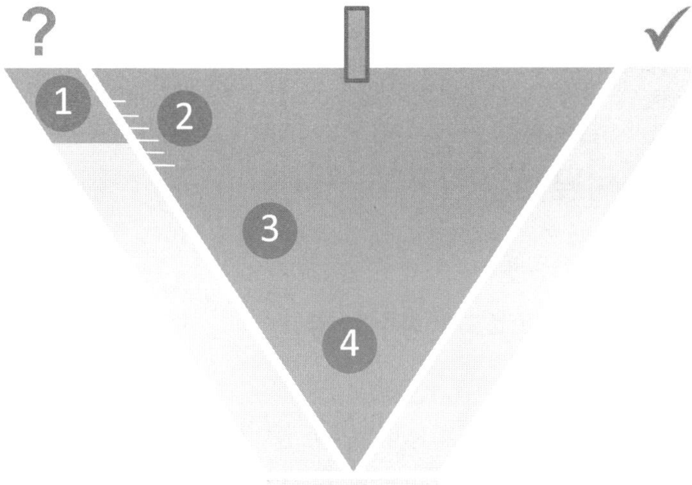

图2.3 个性化学习模型

位置1

在位置1，学习者非常想要学习，但在清楚学习目标后，他们觉得自己需要一点支持。这意味着他们在进入主水池之前，可以在试水区花一点时间。第5章描述了“试水区”的隐喻如何成为教室布局的一个组成部分。

位置2

在位置2，学习者有信心独立进入学习，但他们可能会感觉到有点谨慎或稍有困惑。这些学习者会按照步骤一步步地进入游泳池：把脚趾浸入水中，测试水温，然后逐渐完全进入泳池。

位置3

在位置3，学习者感到很有信心，对主题很熟悉，能够独立并成功地完成学习，他们可能会选择以极大的热情跳入游泳池。

位置4

在这种情况下，学习者感到非常有信心。他们觉得自己对子课题很熟悉，他们知道自己有一系列的策略可以用来成功地实现学习目标，他们可能会从跳水板上自信地跳入游泳池。

学习如何学习模型

使学习者能够有效学习的6个阶段

到目前为止，学习者已经认识到培养对问题的开放态度的重要性，并得到了保证，即他们将获得成功学习所需的一切装备，而且他们能够按照自己的节奏进入学习过程。

"不知道的快乐"问题提出学习模型的下一个阶段向学生介绍了他们在学习时所处的6个主要阶段。学习如何学习模型还讨论了学校在每个阶段所做的要求，以确保所有学习者都能沿着从不知道到知道的路线前进（如图2.4所示）。

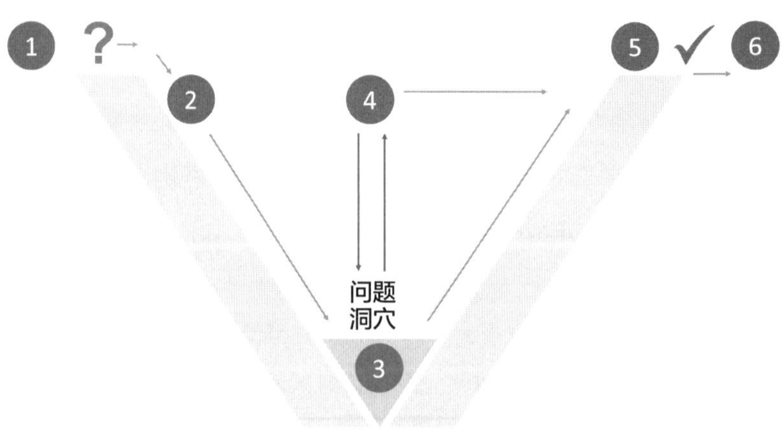

图2.4 "不知道的快乐"学习如何学习模型

位置1

在位置1，学习者已经做好学习的准备。这时，学习者感到兴奋，并在情感上能够主动参与到学习过程中。这时，学校提供给学生一个积极的氛围、一个鼓舞人心的学习环境，并为所有学习者提供社会上、情感上和学术上的支持。

位置2

在位置2，学习者感受到学习的动力，因为他们在参与学习的过程中感受到了个人价值。

位置3

在位置3，学习者在学习过程中感受到智力上的激励和挑战。

位置4

学习者从位置3开始定期进入这个位置，反思自己的学习进度，从而决定自己是否可以走出洞穴，或者需要在洞穴内待更长的时间。

位置5

在位置5，学习者已经成功地走出洞穴，他们获得了充分的智力挑战、扩展和充实的机会。

位置6

在位置6，学习者给他们所学的知识赋予意义，并研究如何应用他们学习到的新知识。这个位置也进一步刺激了学习者的好奇心，推动更深层的问题出现，从而使循环再次开始。

学习与元认知模型

元认知思维使学习者成功跨越学习的6个阶段

当学习者熟悉了有效学习的6个阶段，我们便可以向他们介绍一系列的元认知思维策略，鼓励他们在这6个阶段中的每一个阶段进行元认知思考，以便能够决定他们是否准备好了，以及是否能够从一个阶段进入另一个阶段，如图2.5中的位置1—位置6。

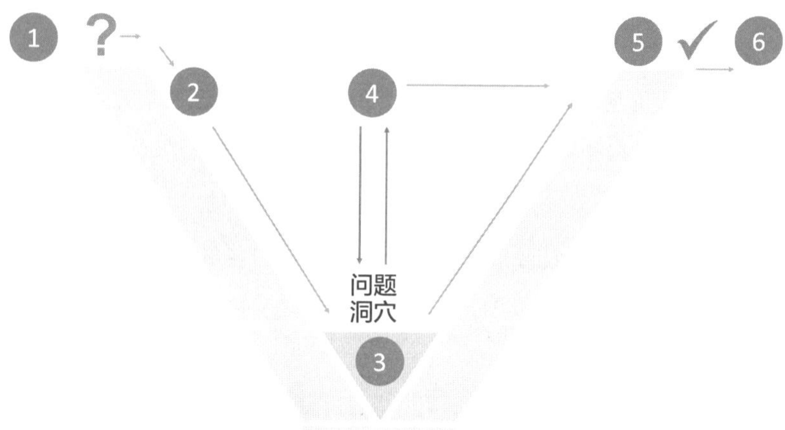

图2.5 元认知思考的6个阶段

位置1

在位置1，元认知学习者会考虑主题，并反思“他们知道自己知道什么”，而且非常重要的是反思“他们知道自己不知道什么”。

位置2

在位置2，元认知学习者会考虑自己是否想去了解那些已经明确是自己所不知道的知识，或者他们是否对其抱有无所谓、不感兴趣的态度。

位置3

在位置3，元认知学习者考虑的是此刻，自己是否知道如何去获得自己想知道的、那些已确定为自己所不知道的知识。

位置4

在位置4，元认知学习者会反思他们现在是否已经足够了解他们想要知道的内容，或者他们是否需要继续了解他们想要知道的内容。

位置5

在位置5，元认知学习者考虑的是他们是否已经掌握并能够给他们现在所知道的内容赋予意义（此前他们意识到自己不知道这些知识，但他们想要知道并知道掌握的方法），或者他们是否仍然需要更深入地探索和理解这些概念。

位置6

在位置6，元认知学习者考虑的是，他们现在是否知道如何应用和转换他们所获得的新知识，因为此时他们知道了如何去了解自己想知道的内容，他们知道自己不知道，或者他们知道他们已经找了一个解决方案，但不确定如何赋予这些新知识以意义，并培养自己在实践中有效应用知识的能力。

学习与认知模型

认知也很重要

到目前为止，“不知道的快乐”问题提出学习模型一直将“学习者意识到自己不知道”作为学习过程的重要组成部分，如图2.6所示。

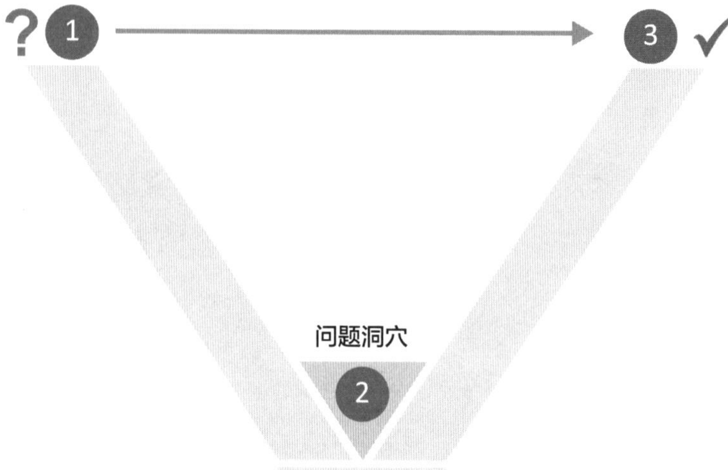

图2.6 学习与认知模型

思考、学习、认知模型

将学习、思考、知道和不知道联系起来

到目前为止，“不知道的快乐”问题提出学习模型已经从知道、不知道和元认知思维的角度为我们提供了一些概念化学习过程的方法。你可以尝试单独探讨这些概念，并与全班同学共同构建每个概念的定义：

- **什么是思考？**
- **什么是学习？**

- **什么是知道?**
- **什么是不知道?**

这些集体思考、想法和定义构成了一个发生在教室里的、美妙的永久性游戏，可以随着学生年级的增长，以及学生对这些术语的理解加深而加以更新和补充。

建议阅读

针对这4个概念的讨论为我们深入研究格雷厄姆·纳托尔（Graham Nuthall）的著作《学习者的隐藏生活》（*The Hidden Lives of Learners*）提供了很好的机会。纳托尔推断“在真正的授课开始前，学生其实已经知道了老师将要教给他们的40%—50%的内容，但不同的学生对这些先前知识的理解存在着巨大差异”。

讨论要点

这4个概念为教师提供了一个机会，即为全班同学设置一个非常有趣的挑战：

孩子们能想到思考、学习、知道和不知道是如何相互联系的吗?

他们能不能建立一个连接所有4个概念的模型?

如图2.7所示，“不知道的快乐”问题提出学习模型可以分为5个区域，以说明思考、学习、知道和不知道之间的关系。

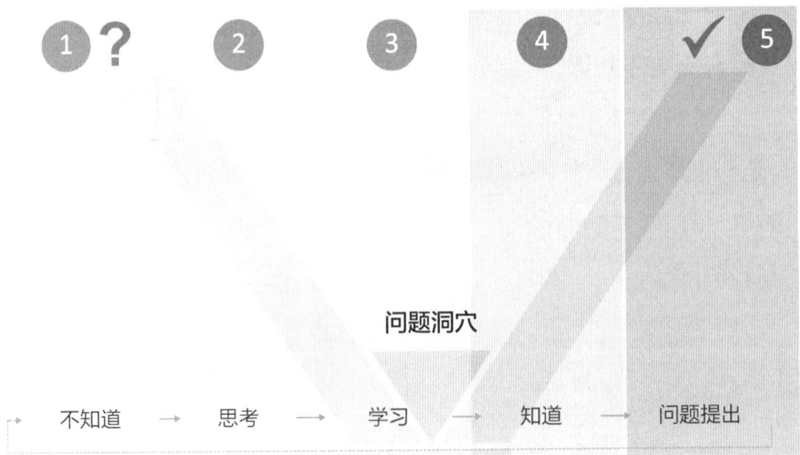

图2.7 思考、学习、认知模型

在意识到我们不知道（某样事物）的时候（1区），我们必须思考（2区）如何开始认识它的过程。这时我们进行学习（3区），使我们能够认识它（4区）。在认识新事物的过程中，我们了解自己还不知道的内容，强烈的好奇心驱使我们想知道更多，继而提出我们想去探究的新问题（5区），这个循环重新开始了。

换句话说，正如一名2年级的孩子在讨论学习、思考和知道之间的关系时所说的那样，思考似乎是知道的反面，而学习是把我们从“不知道”的一端带到“问题提出”的另一端的过程。

3

发展全校性“不知道的快乐”问题提出学习文化

学校的价值观赋予自身以价值。

马塞洛·斯塔克夫

学校是社会的缩影，存在于社会之中，为儿童提供他们所需的一切，以便他们为社会做出有效的贡献。社会由其一系列的价值观来定义，这有助于向其所有成员灌输一种归属感，以及对如何在社会中生存和发挥作用的共同理解，从而使每个成员都能够为现在和未来几代人贡献其道德、社会、教育、文化和全球资本。

微观世界作为“社区、地点或情境，以缩影的方式概括了更大的事物的特征”。支撑“不知道的快乐”问题提出学习方法所有方面的哲学使学校能够通过建立一种以价值观为主导的生活方式和教育方法来模仿和概括社会的微型化和多文化性质。

本章描述了这种以价值观为主导的方法如何创造一种全校性的学习文化，这种文化作为主导因素，使学校社区内的每一个人都能体会到学校和教育的价值，并在学习和在情感、社会和智力方面的发展中愉快地生活。

“不知道的快乐”问题提出学习方法确定了6个关键的影响领域，它们共同构成了学校的学习文化（见图3.1）。

本章向读者介绍了这6个领域的重要性，它们中的每一个都与自己的一套独特词语相关联，因为它们都定义并代表了作为学校整体学习文化的一部分的不同存在方式（见图3.2）。

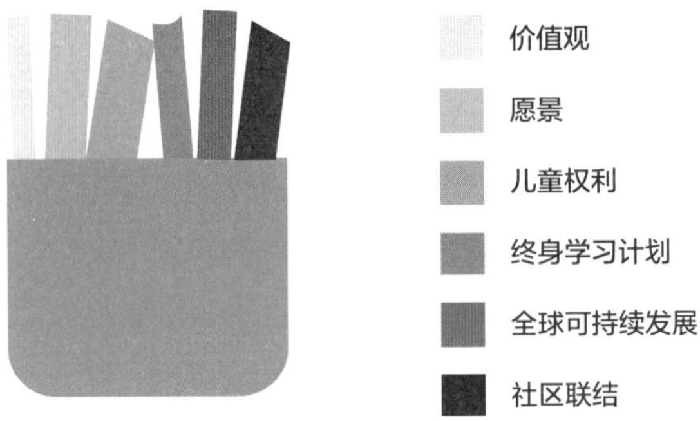

图3.1 全校性“不知道的快乐”问题提出学习文化的6个领域

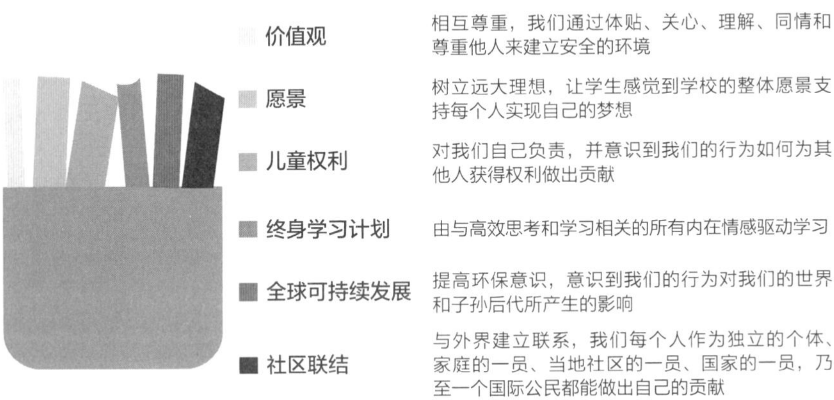

图3.2 全校性“不知道的快乐”问题提出学习文化的6个组成部分

下面的部分说明了“不知道的快乐”问题提出学习方法是如何帮助每所学校获得一套独特的6个词语，这些词语与6个影响领域中的每一个联系起来，并建立学校的学习文化。图3.3列举了学校在这6个领域内使用的术语类型，作为讨论的指南和参考点。

图3.3 定义全校性“不知道的快乐”问题提出学习文化的示范性词语集

在准备生成每套词语的过程中，作为一个整体性的学校，就每套词语在每个学校的精神和教育哲学背景下将为每个领域实现的功能达成共识，这是非常有趣的（见图3.4）。

图3.4 明确全校性“不知道的快乐”问题提出学习文化的6个领域

与6个影响领域中的每一个相关联的词语集创造了学习文化，它作为学校的循环系统贯穿学校生活的方方面面，并提供其所需的一切。

学校就像一个“生命体”，依靠一套完善的、协调的系统，每一个系统都发挥着特定的功能，构成学校的整体福祉。构成生命体内每个系统的细胞从构成循环系统的成分中获得它们运作所需的一切，循环系统流经整个生命体：血浆、红细胞、淋巴细胞、血小板等。同样，学习者也从构成学校学习文化的各个要素中获得他们所需要的一切，而学习文化融于学校生活的各个方面（见图3.5）。

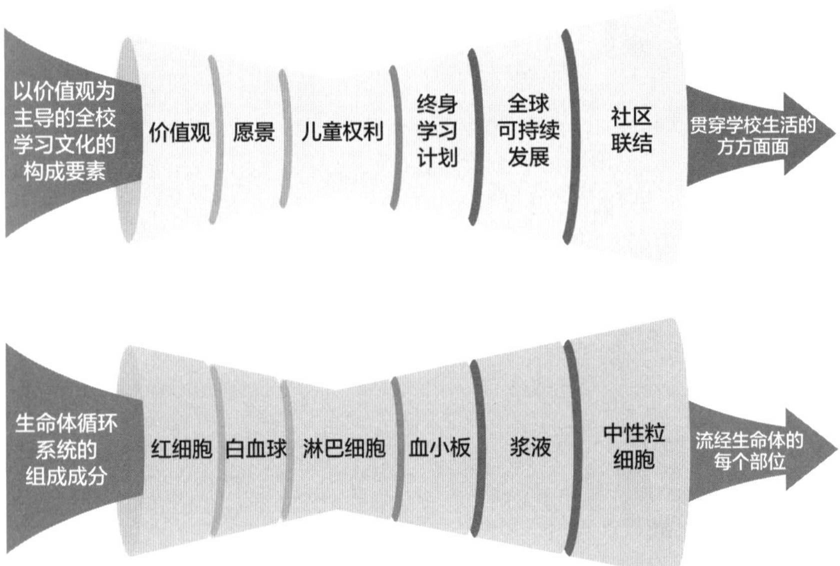

图3.5 学校及生命体的循环系统

同样有趣的是，这6个领域本身也是相互紧密联系和相互依赖的。图3.6展示了当学校的愿景成为现实时，每个孩子的权利都能得到满足。当孩子们的权利得到满足，学习的条件就会建立起来，将每个人培养成一个有效的终身学习者。如果学校具备成为一个有效的终身学习者所需的条件，每个人就会逐步培养一种社会、情感和学术意识，使自己能够作为家庭、学校、当地社区、国家和国际社会中富有同理心的一员，为创造一个更加可持续发展的世界做出积极贡献。

讨论要点

教师和学生可以扩展学校与生命体这一类比，例如：

- 学生的内在动机能否成为将学校的学习文化注入学校生活的各个领域的心脏?
- 学生、教师、管理者和家庭能否成为使学校发展、创造、适应和创新的脑细胞?
- 鼓舞人心的、创造性的和发人深省的课程能否成为一种健康的饮食，为学习者提供他们茁壮成长所需的所有营养物质?
- 如果将课堂学习环境比作消化系统，如何帮助学习者更好地吸收课程中的营养?

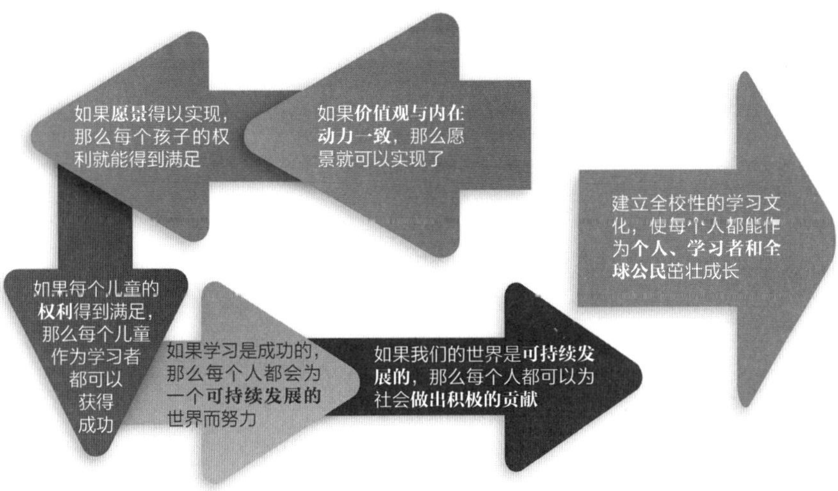

图3.6 6个领域的关系

根据设想，这6个领域将被逐一引入，并作为学校长期战略愿景和目标的一个组成部分。学校首先通过重新审视其座右铭来启动这一渐进的战略过程，座右铭从"我能"改变为"我们能"。这一变化所产生的团结情感为引入一套全校性的价值观铺平了道路，这反过来又带来了一套全球可持续性的原则和支撑早期教学法的哲学，并引入了终身学习计划，同时也在学校内部创建了一个多样化的团队工作结构，且与社区建立了联系。

作为学校5年战略计划的一部分，这种逐步建立的全校性学习文化可以帮助所有的学生、教育者和学校社区成员感受到：

◆ 作为独特的个体，作为自己热爱领域的专家，可以展现个体的价值并受到他人的重视。

◆ 在情感上、社交上和学术上获得支持，从而在学校生活和其他生活的各个方面取得成功。

◆ 想学习的内在动力和想知道的热情。

◆ 敢于承担风险，试验自己的思维，挑战自我并超越自己想象的可能。

◆ 目的感、归属感，以及建立有意义的联系的能力，在已有知识的基础上开始新的学习。

◆ 学校不仅是社会的一个温馨的缩影，也是生活的一个缩影。

建议阅读

全校性的学习文化是一个案例研究和行动研究项目的基础，该项目被收录在《儿童早期基础阶段学习纲要：评估和支持儿童学习》（*The EYFS: Assessing and Supporting Young Children's Learning*）一书中。

讨论要点

在这一点上，讨论以价值观为主导的教育方法给学校带来的潜在价值将是非常有趣的：

- 以价值观为主导的方法弥合了儿童对于在校和校外时间的感知差异。
- 一个以价值观为主导的文化向每个人传达了在学校的价值和教育的价值。
- 以价值观为主导的方法使学校中的每个个体都具备作为家庭、学校、地方、国家和全球社区的一员取得成功所需的意愿和特质。

案例研究

建立一个以“不知道的快乐”价值观为主导的全校学习文化所带来的影响

学生语录：

5年级对我来说是极为重要而特殊的一年，我想对其他同学来说也是如此。

之前我以为学习只与智力训练有关，但如今我渐渐感觉到学习同样关乎对探索、创造、快乐和付出的热爱。

图3.7 一个5年级孩子的年终总结

这是一个5年级的孩子在年终报告中写下的一段话（见图3.7），这段话以一种非常有力的方式概括了“不知道的快乐”问题提出学习方法所要实现的所有本质、原则和理念。我非常了解这些5年级的孩子们，因为我在他们2年级的时候教过他们，当时学校已经开始实施一个以价值观为基础的、以学习者为中心的、富有启发性的战略计划，该计划扎根于“不知道的快乐”问题提出学习方法的原则和理念。

学校的目标是创造一个以学习者为中心的、以学习为重点的精神面貌，把我们的教学方式和学生的学习方式以及我们的教学内容和孩子的学习内容放在同等重要的位置。这一目标通过影响学习的文化、学生的心态、信心和自尊以及将自己视为有价值的个体、批判性思维者和终身学习者的感知来提高学习标准。

变革需要时间，其重点是在变革中嵌入新的举措。学校首先引入了一套全校性的价值观，这为接下来的每一个步骤铺平了道路：引入教室作为“探究型社区”的概念，在任何时候都激励每个人，摆脱预先确定的“能力组”划分，引入开放式的“思维技能启蒙”，在一天学习的开始激励孩子们将学习目标调整为一个问题，并引入有趣的和开放式的挑战，作为每节课和完成家庭学习任务的方法的组成部分。

这种转变是渐进式的，但每天都有一种可感知的、不断增长的进步和成就感。教师和孩子们很快就开始感受到一种内在的动力，以及更大的乐趣和职业满足感。一种集体目标感开始出现，并产生广泛的想法，这些想法可以纳入学校的基础架构和战略方向。回过头来看，这种更加人性化的、以学习者为中心的、以价值观为基础的创造性思维方式构建了一种激励文化，赢得了学习者的信任，因为它消除了学习者对不知道、不确定和发现困难的恐惧，并使他们感受到学习的内在动力，迫切希望看到自己将会取得怎样的成就。

4

有动力的学习者及教师

内在动机让一切皆有可能。

马塞洛·斯塔克夫

当儿童开始接受教育时，他们对学习、对未知、对交朋友、对探索一切事物的运作方式和对他们所经历的一切有着永不满足的渴求。成年人加入教育行业，是因为他们也有着永不满足的渴求：希望有所作为，希望分享他们的激情和专业知识，希望激励他人作为个人获得成长，希望确保他们作为专业人士所做的事情能够为一个更好的世界做出贡献。因此，教育界面临着一个挑战：学校如何塑造其愿景和基础架构，使其能够维持、培养和发展儿童和成年人“与生俱来”的内在动机？

考虑到这一令人振奋的挑战，本章将向学习者、教师、校长介绍卓越、丰富、快乐模型，希望能够支持：

- **被激励的教师成为主动激励型教师**
- **被激励的教育从业者成为主动激励型合作者**
- **被激励的儿童成为主动激励型学习者**
- **被激励的家庭成为儿童学习的主动激励型伙伴**
- **被激励的校长成为主动激励型领导者**

本章介绍了卓越、丰富、快乐模型的3种适应方式：

- **以教师为中心：**8个影响领域，促进全校性的教学、学习和研究方法，使学校的教育理念对每个孩子的影响最大化。

◆ **以学生为中心**：从儿童的角度解释同样的8个领域，当这些领域被用作教室日常工作的一部分时，鼓励每个儿童参与教学过程的每一步。

◆ **以校长为中心**：同样的8个领域为整个学校的领导和管理提供了指导和基础结构，以创建相应的系统，这些系统使所有教师成为学校发展过程的一部分（多专业团队），且所有学生参与到一个过程中，在这个过程中他们制订自己的儿童版学校发展计划。

构成卓越、丰富、快乐模型的8个领域（见图4.1）汇集了个人经验、由合作行动研究主导的实践和教育文献分析所显示的对儿童的学习动机、学习时的乐趣和继续学习的好奇心有极大激励作用的所有证据。

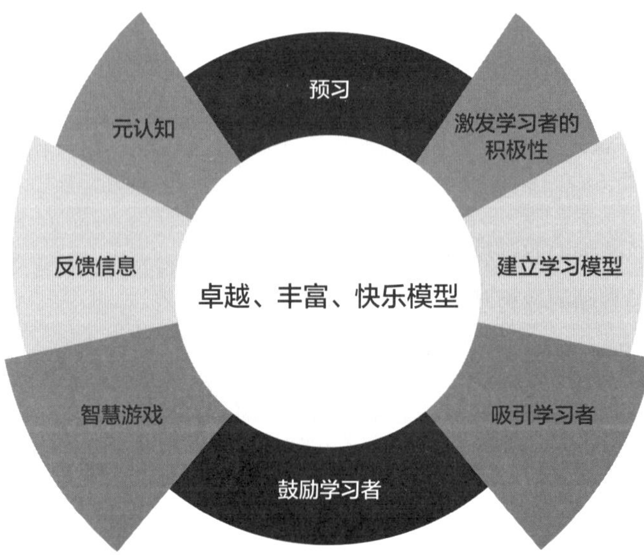

图4.1 卓越、丰富、快乐模型

讨论要点

约翰·哈蒂（John Hattie）的研究结果发表在《可见的学习》（*Visible Learning*）一书中，该书就不同举措对儿童学习产生的影响进行了排序。可见的学习研究工作基于超过3亿名学生进行了研究分析。图4.1所示的卓越、丰富、快乐模型的8个部分是否能将约翰·哈蒂的研究表明的、对儿童学习有重要影响的举措展现出来?

教师版卓越、丰富、快乐模型|将理论付诸实践|说明性案例研究

与“不知道的快乐”问题提出学习方法的非规定性特征一致，卓越、丰富、快乐模型的目的是帮助学校创建自己的定制版本，同时包含单独的情境、教育哲学以及当前的实践和优先事项。定制的卓越、丰富、快乐模型使学校有可能在现有的优秀基础上创建激励性的全校教学、学习和领导方法。在设计定制的卓越、丰富、快乐模型时，学校可能希望设置专业发展会议和在职培训日，以确保最终的模式是由所有教师的意见、见解和专业知识所组成。

下文描述了教师版卓越、丰富、快乐模型的8个组成部分中每个部分的主要原则、观点和对实践的影响。每个部分的描述都有一个案例，说明其在实践中的影响。

讨论要点

以下各节中的信息和案例研究旨在为启动我们与同事的讨论提供一个有用的跳板。尝试将卓越、丰富、快乐模型的每个部分所描述的目标和想法与你的学校的实践和政策所依据的现行常规之间做一个交叉参考练习是很有趣的。

- 不同年龄组的学习者如何实践卓越、丰富、快乐模型的各个部分?

预习

预习作为教学过程的一个组成部分，可以减少学习者与未知事物相关的焦虑。当学习被预览时，学习者有机会熟悉它，在家里讨论它，研究它，试图赋予它意义，而且非常重要的是，在它被引入课堂之前，学习者就开始对它感到好奇。预习可以培养学习者对未来即将接触的事物的好奇心，让他们带着已经形成的问题开始新的学习，并意识到他们可能存在的任何误解或困惑。同样地，如果孩子们发现自己对已经预习的学习内容有

建议阅读

由卡彭特（Carpenter）和托夫斯（Toftness）撰写的文章《预设问题对视频演示学习的影响》（The Effect of Prequestions on Learning from Video Presentations）被发表在《记忆和认知的应用研究》（*Applied Research in Memory and Cognition*）杂志上，该文章总结了他们对预习的作用的研究。研究认为，带着预设问题观看视频的学生比没有参与预设问题思考的学生表现出更多的认知优势。

着丰富的经验、知识或兴趣——可能来自手工制品、家庭趣事和个人爱好等，都有助于丰富他们每个人的经验，并使学校与他们的校外生活联系起来。

案例研究 | 卓越、丰富、快乐模型

预习

我经常邀请两名志愿者来帮助我进行角色扮演，并解释问题洞穴的原则和理念。在演示开始时，两名志愿者都站在问题洞穴的“顶部”，身处“问题”阶段。当他们站在那里等待事情发生时，我解释说这是我们在生活中做任何事情时都会遇到的问题；这可能是学习目标，完成我们需要做的任何事情，解决任何问题，找到我们去一个新地方的道路——生活中我们要做的任何事情都是从问题阶段开始的。然后我会问他们的感觉如何。无一例外，他们都感到十分紧张、忐忑不安，并有些担心。他们把产生这些不舒服的感觉归结为不知道将要发生什么。如果学习者没有经过某种形式的预习，那么当老师开始解释和介绍那节课的学习内容时，学生很可能会产生这样的感觉，而经过预习的学生很可能会在情感上感到更加轻松。这个例子说明了“不知道的快乐”问题提出学习方法的核心原则之一：向学习者展示学习的过程有助于他们在面对不知道的问题时充满探索的热情和动力，而不是对未知的事情感到忧虑和担心。

激发学习者的积极性

“提前观看”学习的过程会自动促进学生形成参与学习的动机，因为学习者的出发点是他们能够看到即将学习的内容的价值，以确保学习热情转化为想要学习的内在动机，例如第6章介绍的“学会学习周”第2天活动的一部分，即“思维技能启蒙”，以及第7章阐述的细节使教师有机会将学习的热情转化为课堂日常活动的动力。

卓越、丰富、快乐模型强调把学习目标作为一种激励工具。在介绍完核心理念后，与孩子们共同构建学习目标可以让孩子们拥有自主权，并理解将要学习的内容。如果这被创造为一个问题，那么它允许所有学习者将问题作为讨论的源头，并将课堂讨论视为一个安全的空间，学生可以自由地提出问题，敢于承担风险进行猜测和探究。如果问题以“我们能不能……”或“我们怎么能……”开始，它就意味着所有学习者和教师具备一种共同的冒险意识，即希望解决一个问题或接受一个令人兴奋的挑战，无论这个问题或挑战能否在课堂上解决，每个人的内心都明白，在卓越、丰富、快乐的学习模式下，学习者能够以自己的节奏慢慢地理解所学内容。

案例研究 | 卓越、丰富、快乐模型

激发学习者的积极性

将学习目标作为一个问题提出来，在课堂上创造一个激励性的学习环境。如果把问题作为一个哲学问题呈现给学习者，那么课堂上的集体积极性就会成倍地提高。例如，当计划教孩子们关于时间的知识——秒、分、小时和天的概念时，学习目标可以被表述为一个要求、一个问题或一个哲学问题：

- 要求：用时钟判断时间。
- 问题：我们是否可以使用指针来判断时间?
- 哲学问题：时间是否存在?

哲学方法让孩子们产生了巨大的动力和兴趣，因为它以一种孩子们认为有趣、不寻常和有意义的方式呈现了学习内容，让他们以完全不同的方式思考他们已经知道的东西。在把“时间是否存在？”的问题引入课程，并在班级内进行了精彩的讨论后，得出的结论是时间并不真正存在，它是人类创造的一个概念，使我们的生活有一个参照点，而不是我们可以触摸或掌握的东西。但第2天，一个孩子告诉我，她和家人讨论了这个问题，现在她可以向我证明，时间确实“存在”。我对此非常感兴趣，要求她详细说明。令人难以置信的是，她从口袋里拿出了一束美丽的“百里香”[1]。真是不可思议，虽然孩子的答案是一个美丽的错误，但一个引入话题的哲学问题刺激孩子产生了内在学习动机与创造性思维，使她积极地去寻找存在的“时间”，并热衷于与他人讨论和分享自己的原创性思考。

建立学习模型

建模阶段有助于教师将学习目标所倡导的思维从它对我们形成的挑战转移到我们如何实现它，以及成功实现这个特定目标可能看起来是什么样以及感觉如何上。与全班同学分享一个“优秀的模型”，作为他们正在努力实现的目标的例子，这很有吸引力。讨论为什么这个模型是一个特别好的最终成果样例是非常有帮助的，这可以帮助班上的每个人共同制定和认可成功完成任务所需的“成功标准或步骤”。与孩子们共同构建成功标准，使他们有一种主人翁意识，并使他们掌握一个非常重要的教学原则：如果学习被分解成一系列连贯的小步骤，那么达成学习目标是可能的。这些步

[1] 百里香的英文“Thyme”与时间的英文“Time”为同音词，两个单词发音相同，但拼写与含义完全不同。——译者注

骤对不同的孩子来说可能是不同的，所以采用灵活的成功标准是非常有益的；一些孩子在学习过程中可能需要比其他孩子更小的步骤。把学习看作一连串的小步骤，所有这些步骤都是可以实现的——这为学习者提供了极大的安全感，为他们的成功提供了清晰的、个性化的路线图和时间表。卓越、丰富、快乐模型使学习者认识到，学习是一个连续的、不断发展的过程，每个人需要的时间不同，教师鼓励个人在8个阶段中的每个阶段花费自己所需的时间。同时，卓越、丰富、快乐模型是一个流动的结构，在一周内可以容纳所有的学习者按照他们自己的节奏进行学习，从而消除了孩子在课程结束时觉得自己还没有完成的焦虑和失望。

“不知道的快乐”问题提出学习方法为建模领域引入了一个新的维度，它提出了这样一个想法：不仅要对一个优秀的例子进行建模和分析，同时还要与学生分享一个真正的“坏”例子。分享一个包含错误或是不准确的，抑或是缺乏彻底性、深度或准确性的例子有着重要价值。分析一个“不好”的例子而引发的对话通常非常有趣，并能够帮助儿童自己识别、解释和证明他们所发现的不完全正确的解释。在教学上，这也使孩子们能够自己意识到他们可能正在犯的或试图根除的类似错误（例如，没有正确使用大写字母或在计算总和时没有正确应用位值）。

案例研究 | 卓越、丰富、快乐模型

建立学习模型

在与学校改进伙伴一起走访学校时，我们进入了一个1年级的班级。孩子们似乎都很热情，很投入，并贡献了很多可爱的想法。然而，有一个孩子对他们来说是不寻常的，他看起来相当疏远，有点焦虑和担心。当孩子们开始独立学习时，我们走到他身边，温和地询问他是否一切顺利。他

非常清楚地解释说，他有些困惑，因为自己的老师还没有犯任何错误。听到这句话让人觉得非常有趣，这意味着老师故意留下的错误或列举的“坏”例子有时发挥着刺激学生学习、记忆的作用，因为这些看似学习进展不太顺利的时刻给学生留下了更为深刻的印象。对这个孩子来说，发现学习过程中的错误是自己一天中十分有动力去做的一件事。

吸引学习者

当学习内容被引入，孩子们被激励，并进行了战略性的、以好奇心为主导的讨论，实践者就会利用他们的专业知识，使孩子们有可能独立地或合作地参与学习（或两者兼有）。

孩子们在学习某些内容时的难易程度是由学习发生时的条件决定的，这包含了一系列复杂的、不可预测的参数和因素：他们以前的知识、经验、动机和技能，以及孩子们在那个特定时期的情绪和学习准备情况。当以如今的演示方式呈现时，他们可能突然以比以往更清晰地理解了这个主题。同样，一个通常被期望可以理解所介绍的概念并独立学习的孩子，可能在情绪上感到无法参与。这可能有多种原因：个人或家庭环境、学习环境，或者仅仅是他们可能由于缺席、迟到或旅行等错过了介绍过程的关键部分。

让学习者自由选择参与的任务的复杂程度，并使他们获得灵活的中间支持，可以确保他们不会感到自己被贴上能力标签，或被纳入“能力较差或智力较低的群体”——这在预先确定的能力分组中经常发生，而且会对儿童的动机和自尊心造成极大的伤害。

建议阅读

建议读者在这个阶段参考3个相互关联的作品：《无限制的学习》（*Learning Without Limits*）、《创造无限制的学习》（*Creating Learning Without Limits*）和《无限制的学习评价》（*Assessment for Learning Without Limits*）。

鼓励学习者

这指的是建立一个刺激学习者体验、挑战和冒险的学习环境，在这里，学习者不会担心犯错，他们能够不断地反思、讨论、修改和重新开始，自由地进行必要的尝试，感受到成就感和自豪感。一个鼓舞人心的"学习环境"能够刺激所有的学习者想要：

1. 参与学习。
2. 坚韧地走下去（韧性），即使在学习过程中遇到困难。
3. 参与进一步的挑战。
4. 利用自己的好奇心、想象力、创造意义的技能和创造性思维，将获得答案和新知识视作进一步深度学习、探索和发现的催化剂，而不是学习过程的终点。

在课程开始时，与孩子们分享开放式的丰富活动或挑战是什么，确保每个孩子都感觉到被重视，因为孩子们天然地认为老师对他们都有同样高的期望。这也创造了一种激励感，让他们感受到自己掌握了主要学习概念，从而有机会参与一些真正有趣的事情。

智慧游戏

黛博拉·艾尔提出了“智慧游戏”的概念，作为“高飞”项目的一部分。从一开始，“智慧”和“游戏”这两个词似乎就概括了教育在改变学校学习方面的潜力。幼儿教育学将游戏作为学习的载体。智慧游戏是指在所有年级的教学中纳入“游戏化学习方法”的概念，作为支撑教育哲学的中心原则。创造一个支持学习者玩转概念的课堂学习环境，将其作为学习过程的一个组成部分是非常有趣的。例如，卓越、丰富、快乐模型鼓励儿童对即将学习的概念进行游戏，自行选择参与的难度使他们在参与学习的同时进行智慧游戏，而扩展的和丰富的任务使他们有机会应用学过的概念展开游戏。儿童在游戏时没有意识到他们在“学习”：从他们的角度来看，他们单纯是在玩耍，但从教师的角度来看，他们是在智慧地、有目的地学习。

设计扩展的和丰富的任务是游戏化学习方法的重要组成部分。我在职业生涯的早期就了解到，根据布鲁姆教育目标分类法，让学生完成一项聚焦于重复做更多相同内容（more of the same，MOTS）的任务与完成一项被提供机会参与高阶思维能力（higher-order thinking skills，HOTS）训练的任务，这两者之间存在着巨大的差异。如果孩子们认识到当他们掌握了一个概念，接下来就会再次获得更多相同的内容，他们就会失去学习的动力，并倾向于将答案视为一个没有后续行动的终点；他们不会将答案与他们可能知道的其他概念联系起来。

“一天思考技能方法”描述了如何在课程的各个方面向学习者提供训练高阶思维能力的机会，并将其作为课堂教学的一部分，让所有学习者都有机会挑战自己：

1. 使用和应用他们的新知识和理解，在不同的背景下解决同一个问题。

2. 找出相同的解决方案，但要用不同的方法。这涉及回到问题洞穴中，并尝试使用不同的策略来获得相同的答案。这也是一个很好的策略，可以帮助孩子们自行检查他们原有答案的有效性和正确性。

3. 建立一个因获得新知识而引发的问题清单。

4. 让学习者扮演教师，如果一个孩子能够向其他人清晰地解释这个概念，那么这表明他已经对这个概念有了全面的理解。

5. 以迷你演讲视频的形式制作短视频，然后可以将其作为一个教学工具使用。

智慧游戏的原则非常有助于让学习者在自己的头脑中清楚地意识到“知识”和“理解”之间的区别。如图4.2所示，知识是孤立存在的，而理解是指学习者能够建立不同概念间的联系和组合，使他们拥有的知识具有意义和目标。

图4.2 知识与理解的区别

案例研究 | 卓越、丰富、快乐模型

智慧游戏

这一案例研究展现了一个概念：让孩子们有机会扮演“老师”，向别人解释他们刚刚学到的概念。这对教师来说是一个非常有用的教学方法：它不仅是一种激励手段，让孩子们了解自己对某一特定概念的理解程度，而且对他们的自我认同及同伴对他们的看法也有很大影响。所有儿童都非常喜欢获得“当老师”的机会，这对他们的生活有着深远的积极影响。在我们的技术时代，将这一概念向前推进一步，发展迷你演讲视频的概念是非常有力的。这个想法是创建一套视频，让孩子们在其中解释一个概念，就像他们是老师一样。收集一套全校性的迷你演讲视频是非常有用的，例如，孩子们向自己的年级组解释如何进行加、减、乘、除。这些视频可以放在网站上，这样孩子们就可以在家里看到，而教师也可以用它们作为课程的介绍。对于一些孩子来说，当同伴解释一个概念时，他们会更容易理解，同时也会觉得这个概念更有乐趣和吸引力。这个例子再次强调了向儿童提供参与活动的机会的价值，这些活动在“智慧”背景下促进了游戏性。

反馈信息

在哈蒂的分析中，反馈也是对学生成绩有着重要影响的举措。创造一种课堂对话文化，最大限度地增加与孩子们讨论学习的机会，或让他们自己讨论，是必不可少的。每个孩子在“学会学习周”的第1天创建的学习模型对反馈过程有着很大的帮助。教师在与每个孩子进行反馈对话时，使用孩子曾用来描述自己的学习模式的词汇是非常宝贵的。例如，一个孩子解释说，她的模式是一个环形路，因为她觉得在整个学校里，她一直在绕

着同样的路线，遇到同样的障碍，并为自己无法取得任何进展而感到沮丧。在反馈会议上，我们开始使用环形路的语言，然后扩展到试图从中找到“出口”。基于她所创建的模型使用形象化语言，解释她作为一个学习者是如何看待自己的——这对她那一年的转型发展以及她的幸福感、信心和更强大的自尊心有着很大的影响。

制定策略，使教师的口头评论在提出时就能得到学习者的重视，而不是让这些评论消失，也是很有意思的。在一天的工作中，教师和助教在许多非正式的谈话中与孩子们交谈，这些谈话有助于整个反馈过程。可以鼓励孩子们在书本上的空白处或在他们的作品旁记录这些对话的摘要。

教师将提出问题作为其评分策略的一部分也是非常有效的。然而，这需要有一个完整的系统，为儿童提供必要的时间，以有意义的方式回应这些问题，鼓励他们分享他们的想法、反思、胜利、困难和愿望，把教师视为能够为他们提供支持，并以批判性思维向他们提出富有挑战性问题的诤友。

元认知

“不知道的快乐”问题提出学习方法鼓励儿童在有效学习模型定义的所有6个阶段中使用元认知技能。事实上，在学习过程的开始阶段，当学习者处于问题洞穴的位置1时，使用元认知对他们来说是非常重要的，因为它允许他们反思自己已经知道的东西，作为一种能够与他们接下来要学习的东西建立有意义的联系的方式。

当儿童开始学习时，他们会在位置3和位置4之间不停地移动。换句话说，儿童被鼓励不断反思他们的学习进展如何，使他们能够对下一步做出明智的选择，应用替代策略，克服障碍，检查他们的结果，改进，调整，并与他人讨论他们的收获。在最后阶段，也就是在位置5和位置6，孩子们被鼓励对他们刚刚体验到的整个学习过程进行思考。他们可以利用这些反思来驱动他们的好奇心，并对实现他们当前目标的进展做出明智的判断，以及他们认为他们所得出的结论在多大程度上使他们达到或超过了一开始设定的期望。如果这些都没有达到，反思的作用将是激励他们继续尝试更深入地掌握这个学习概念。

让孩子们有机会参与元认知反思并将其作为他们日常生活的一部分是非常有趣的。在每项工作或课程结束时引入“今天我学会了”（Today I Learnt，TIL）的概念是非常有效的，这也为孩子们提供了与教师对话的机会，作为反馈过程的一部分。他们可能会说他们喜欢某方面的学习，但对其中的某个方面仍然感到不确定或有困惑。

第6章中介绍的“学会学习周”第2天的“思考页”，也是实践元认知的绝佳机会。它可以让孩子们自由地写下任何东西，尝试任何东西，而不用担心会被打分或被评判。

学生版卓越、丰富、快乐模型

当你尝试为学生建立一个定制的学生版卓越、丰富、快乐模型时，与他们讨论选择每个部分的原因是很重要且有趣的。然后与学生合作，看看他们是否能将学校的卓越、丰富、快乐模型从一个理论上的、由成人设计的概念转变为他们自己在课堂上创造和使用的、作为日常教学一部分的概念。这是很有吸引力的。

讨论要点

在这一点上，请你学校的学习主导者或你班上的孩子们想一想，他们将如何定义学校的卓越、丰富、快乐模型的每个部分，以便学校里的每个孩子都能理解它们——这是非常有趣的。

孩子们有什么想法可以使他们的版本成为课堂学习有用的和互动的工具?

图4.3展示了教师版与儿童版卓越、丰富、快乐模型的各个部分。调整词汇，将模型中原有的8个领域转换为儿童更容易理解的4个阶段。

教师可以在教室里的白板上或在旁边的突出位置展示这4个阶段，以表明在任何特定时间内教学的重点是哪一部分。一些教室选择了“比萨切片”的方式，每次增加四分之一，直到完整的4片比萨完成。例如，为了显示班级处于第2阶段（“让我们试一试”），白板的角落里就会有前两片比萨饼（见图4.4）。

其他一些教室用“速度计”模型制作了一个大型展示板（见图4.5）。

校长版卓越、丰富、快乐模型

教师在不同阶段激发儿童学习，与以校长的视角全面思考学校整体发展有许多相似之处。教师通过合作来激发儿童的学习兴趣，并使学校在儿童生命的不同阶段为他们提供最大的个人、社会、情感和教育优势。同样地，校长也要协同工作，在学校建立一种文化，使学校中的每个人都能作为独立个体、学习者和专业人士茁壮成长。如果教师和校长的目的和目标

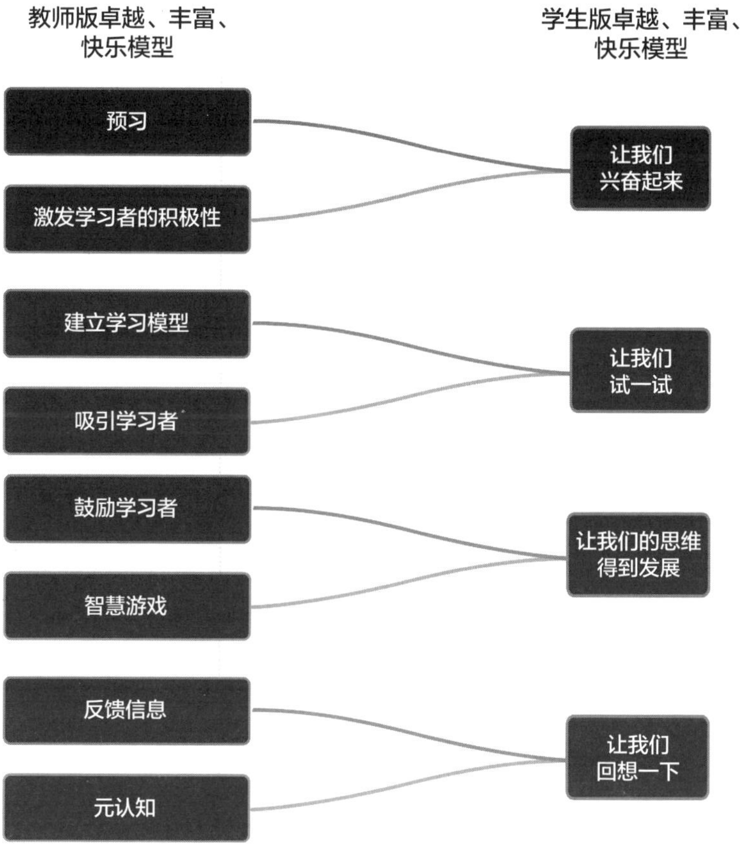

图4.3 实践中的学生版卓越、丰富、快乐模型

图4.4 实践中的学生版卓越、丰富、快乐模型

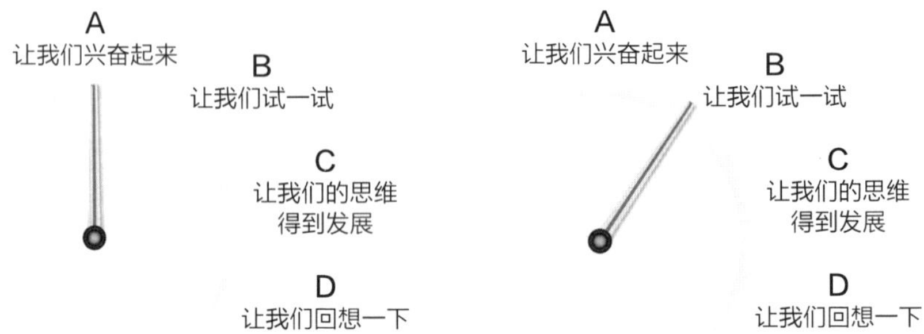

图4.5 实践中的学生版卓越、丰富、快乐模型

讨论要点

你所教的孩子们还能想出方法，将卓越、丰富、快乐模型的4个阶段作为课堂学习的有用工具吗?

有如此多的相似之处，那么教师版的卓越、丰富、快乐模型的8个部分是否可以像孩子们构建自己的版本那样重新解释，为校长提供一个有用的全校领导和管理框架呢？校长版卓越、丰富、快乐模型（见图4.6）正是为此设计的。

与教师版及学生版卓越、丰富、快乐模型一样，校长版卓越、丰富、快乐模型的每一个部分都会被依次描述，以促进对话和讨论，帮助每所学校创建个性化和定制模式。

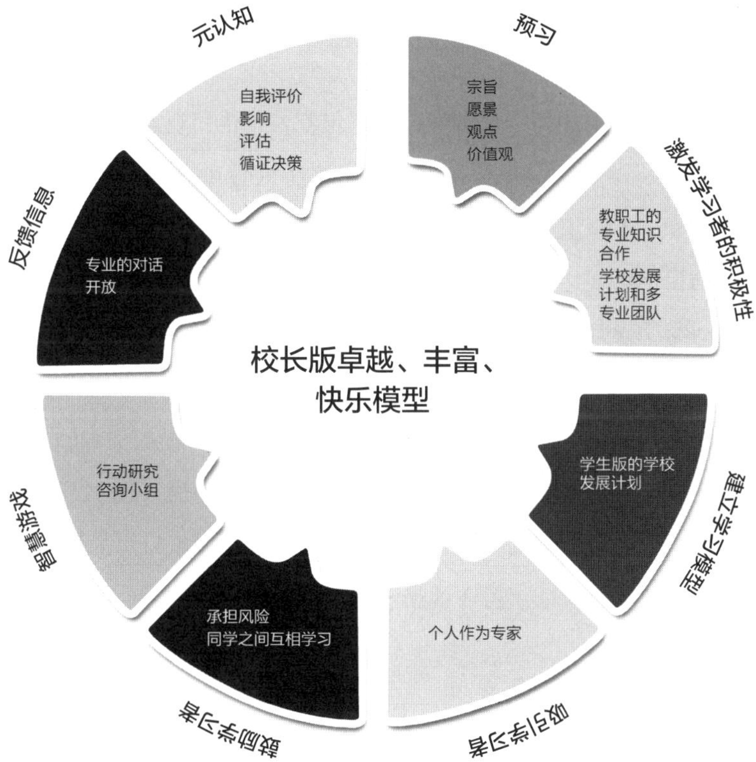

图4.6 校长版卓越、丰富、快乐模型

预习

与让学生学会预习同样重要的，是让学校中所有参与教学的教育者了解学校发展的战略愿景和短期、中期和长期计划，以及教学法、新的伙伴关系、新的合作或新的机会等，这有助于创造一种以学校为整体的合作热情。这种热情使学校中的每个人都能感受到，在这所学校，任何事情都是可能的。为什么每个人都感觉并能感知到一切皆有可能，这要归功于以价值观为主导的文化所帮助建立的尊重和包容的工作环境，以及为所有教育

者提供的专业自由，使他们能够尝试、承担风险、研究、合作并追求他们的激情和梦想。

同时，学校中的每个教师和管理人员都参与的“观点日”为建立这种精神提供了一个理想的平台，可以利用这些机会重视和接受每个人的想法、经验和专业知识，作为学校战略计划的一部分。以这种方式将学校和每个人的目标可视化，可以引发激烈的讨论，并产生一种民主推动决策的感觉，即每个人都对学校如何发展和实施倡议拥有话语权。让每个人都参与进来意味着每个人都被视为自己领域的专家，并且在提出倡议之前，要通过广泛的实际思考来考虑这些倡议：所提出的每个想法的可行性如何？新举措将建立在哪些现有的系统和机制之上？每项举措对每个年级组来说是什么样子的？如何规划进展？如何沟通变化？新想法与国家教育优先事项以及教育研究领域的支持性证据之间是否有联系？

激发学习者的积极性

学生版卓越、丰富、快乐模型将预习和激发学习者的积极性两个部分出色地结合起来，成为“让我们兴奋起来”阶段。这是因为学习动力始于预习阶段。事实上，对下周、下学期、下一年、下一个3年将要发生的事情有所了解并有发言权，对教育者来说是非常令人兴奋的，这也有助于校长开始创造条件，让想法成形，并为之精心策划。让学校所有教职工参与学校想法的构思并见证它们实现是一项相当大的挑战。为了更好地推进这个过程，“不知道的快乐”问题提出学习方法发展了多专业团队（MPT）的概念，用于学校改进和学校发展计划（SDP）。

多专业团队是在本学年的第1个“观点日”创建的。在被介绍了构成推动新战略发展计划的主要优先事项的指示性目标之后，每个教师都被邀请选择他们认为可以为之做出最大贡献的优先事项。当每个教师（和管理者）选择了他们喜欢的年度优先事项，他们就会为每个优先事项组成一个多专业团队。每个多专业团队最好包括高级领导团队中负责该优先事项的成员。对校长来说，创建一个具体的预算代码是一个好主意，这样每个多专业团队就能完成他们的行动要点。虽然可以为启动每个多专业团队分配一笔基本的等额资金，但某些行动可能需要更大的投资，这些金额可能需要随着一年的进展进行调整。这需要团队创建一个提案，通常涉及参与行动研究项目，与专家合作，建立合作或购买特定资源。

每个多专业团队的第1项任务是欢迎每一位教师加入小组，讨论他们为什么选择加入这个特定的团队，他们对这个优先事项的愿景是什么，他们能够提供什么知识和专长，以及他们在确保事情取得成果方面预见的障碍。

第2项任务是让小组了解每个人的时间表、工作日、工作时间、准备、计划和评估时间、职责和责任。多专业团队的成功有赖于能够定期开会、交流和讨论每个行动点的进展情况。这可以通过确保在每个“观点日”的下午开会讨论来实现。多专业团队也可以根据每个人的时间安排他们全年的会议。

在开始计划优先事项之前的第3项任务是决定沟通和传播策略。每个人都能使用电脑吗？如果不能参加会议，每个人都能收到会议后的记录吗？小组将如何向他人分享结论和进展？来自当前教育文献和实践的证据是如何告知这一优先事项的目标的？是否有一个成员可以负责分析并向多专业团队的其他成员传达研究证据？

第4项任务是由多专业团队成员起草优先事项的行动计划，明确每个行动点获得成功是什么样子、参与和推进行动发生的人有哪些、每个行动点的时间安排，以及可能需要的任何资源，包括消耗品和教师的时间。个人是否需要额外的支持、课外时间和安排访问等?

第5项任务涉及制定一个详细的战略，使影响得到衡量。我们如何知道这些行动已经产生了影响?我们将衡量什么?衡量的依据是数据分析、观察还是问卷调查?在激励方面，非常重要的是让教育者认识到，即使他们在这一年里从事自己的多专业团队工作，也会有很多机会了解到所有多专业团队的进展和兴奋。同样，让教育者认识到这一点是非常有用的：即使有独立的多专业团队，每个多专业团队都专注于学校改进的不同领域，但它们都是基于整个学校的价值观、原则和理念，将每个人和每件事结合在一起。做到这一点的一个好方法是将额外的优先事项，即普遍优先事项(Universal Priorities)，作为学校发展计划的一部分。这些优先事项为校长提供了机会，以确保整个学校的价值观和系统到位，可以支持每个优先事项的目标。当多专业团队系统建立起来，许多有意义的事情就开始发生了，特别是多专业团队成员在走廊、办公室、值班时、旅行时和其他场合进行的非正式谈话。在任何时候都是如此!

多专业团队的最后一项任务是在本学年的第1次全体理事会(Full Governors Board)会议上提交计划(见图4.7)。

多专业团队建立了一种文化，在这种文化中，所有教育者都感到他们是自己的学习、自己的角色和学校改进过程的领导者。下一项内容，即建模阶段，使校长也能建立一种全校性的文化，让所有的孩子感到并认为他们是自己学习的领导者，并能对学校的改进过程做出贡献。

建立学习模型

建模可以让学生制作出学生版本的学校发展计划

正如教师版本的卓越、丰富、快乐模型与孩子们分享学习所要达到的

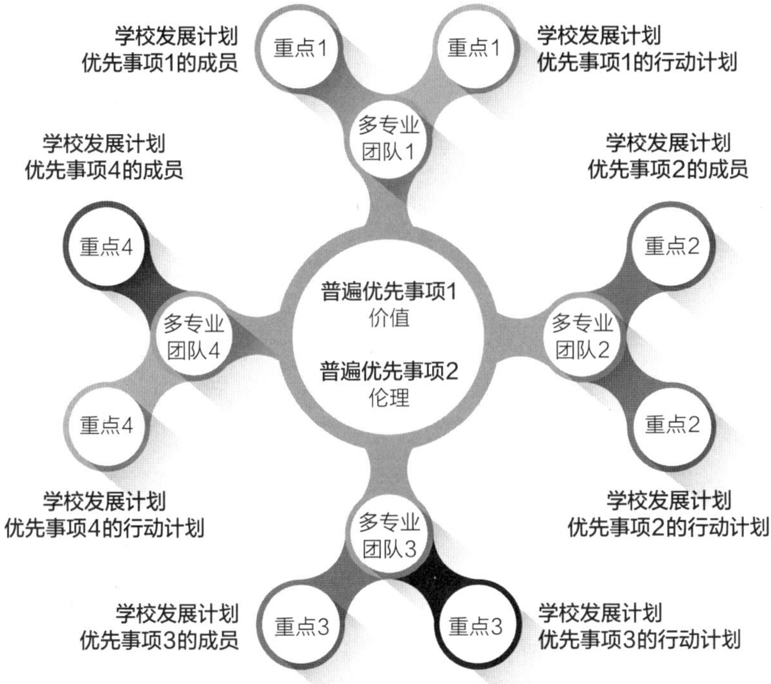

图4.7 多专业团队和学校发展计划

目的一样，校长也可以反映这个过程，并使用学校发展计划作为“优秀模型”的例子，而不是为孩子们描述我们正在尝试的东西。

与孩子们分享有关学校发展计划的想法有助于他们：

◆ 了解学校正在努力做什么，以及这样做是如何计划帮助孩子们从每个重点领域中受益的。

◆ 有机会为每个重点领域贡献自己的观点、想法、主意和建议。

◆ 讨论他们对学校所考虑的重点内容的看法是否与他们作为学校学生的经验相一致。

◆ 创建他们自己的学校发展计划，作为对学校创建的学校发展计划的解释，以一种能够被学校的每个孩子理解并对他们有意义的方式呈现。

◆ 感受到他们在学校如何发展方面可以发出自己的声音。

创建学生版的学校发展计划是学习主导者的主要职责之一，对校长来说也是最令人激动的挑战之一。在第3章中，我们看到了学习主导者，也就是每个班级选出的代表，是如何通过创造校长挑战过程的一个组成部分，引入全校性的变革。在本节中，我们将探讨校长和学习主导者可以参与的一个个步骤，从而创建一个学生版本的学校发展计划。

吸引学习者

从校长的角度来看，希望所有学生在参与学习的过程中都能享受学校生活并茁壮成长，这对所有的教职工来说都是一样的，因为他们要扮演不同的角色。校长版卓越、丰富、快乐模型的各个部分都是以这一点为基础设计的。在参与日常工作之前，教育者清楚地了解学校的愿景和雄心，他们都觉得自己被充分纳入了帮助学校规划和实现目标的决策过程，最重要的是，他们觉得自己是在一种鼓励、促进和推动“职业自由”的价值观和信任文化中工作。所提供的专业自由是基于这样一个坚定的信念，即每个教师都是他们工作领域中的专家，并有机会获得丰富的资源支持使他们能够发挥自己的专长。

在“不知道的快乐”问题提出学习模型中，孩子们发展出一种内在的热情，想要主导自己的学习，因为他们知道，学校已经为他们提供了取得成功所需的一切。同样的价值也提供给了教育者，他们知道学校也为自己提供了在专业和个人方面取得成功所需的一切，因而有兴趣参与教师发展的各个方面。教育者需要感觉到自己就像孩子们一样有一个“中间桌”

（第6章），在那里他们可以得到其他服务和专业人士的帮助，获得他们所需要的一切。对教师的目标与对儿童的目标是一样的：加强专业发展，增强幸福感，相信自己可以实现一切梦想。

鼓励学习者

“不知道的快乐”合作式领导力的理念和方法创造了一种文化，鼓励所有教育者感到他们可以自由地冒险，追随他们的激情，进行实验、讨论和反思，在学校内外进行合作，使个人的兴趣和经验得到顺应，让每个人都有发言权，并希望在专业上得到成长。筹划包容各方的专业发展教育者会议、“观点日”和个性化的专业发展机会方案，与年度评估周期的谈话相联系，涵盖学校的优先事项、每个人的专业角色和个人兴趣，这是非常令人兴奋的。

对许多教师来说，教育世界似乎是不断变化的，使他们感觉自己总是在努力“跟上”最新的发展、策略、要求和常规变化等。就像对待孩子们一样，在实施“不知道的快乐”问题提出学习方法之前，校长和教育者共同参与了这项工作。从批判性思维的角度考虑优点和缺点并分析建议，消除障碍，使教师能够专注于他们作为专家所了解的工作，并在符合监管程序的同时带来令人兴奋的结果。

智慧游戏

从校长的角度来看，这个部分可能是最令人激动的，当在学校里走动、开会或与教师进行专业对话时，都能看到与这个部分有关的行动。“不知道的快乐”问题提出学习方法鼓励所有教育者将他们的每一天和每一个角色视为通过实验和行动研究实现专业成长的机会：

- ◆ 今天我真正想尝试的是什么?
- ◆ 我进行过哪些讨论，并且这些讨论使我想要尝试一些东西?
- ◆ 我读过什么书，听起来非常有趣，可以一试?
- ◆ 孩子或家长提出的什么建议，我认为确实值得采纳?
- ◆ 我真正想通过我的角色完成什么?
- ◆ 我如何利用我前几天所尝试的证据来指导我未来的实践?
- ◆ 我怎样才能在学校、国家和全球范围内传播这些发现并激励他人?

为了使行动研究成为学校生活中不可分割的一部分，“不知道的快乐”问题提出学习方法发展了调查小组（Enquiry Teams）的概念。调查小组允许实践者发现新的做事方式，交流想法，讨论最新的教育趋势，并认为他们是在一种文化中工作，这种文化允许他们在专业上蓬勃发展和成长，这对他们的福利、工作满意度和保留率有很大帮助。

调查小组与多专业团队非常相似，倾向于横向或纵向结构：

◆ 横向的：同一年级的所有教师选择一个主题、领域或倡议进行研究。

◆ 纵向的：每个年级的成员结合起来，对一个特定的主题进行研究，并发现同一原则如何能够适应所有年龄组的需要。

如果整个学期或有时是整个年度都有一个研究重点，那么调查小组的工作就会很顺利。调查小组还使校长有可能利用评估讨论和目标，为每个教师确立一个行动研究主题作为他们工作的一部分。

案例研究 | 横向调查小组

学会学习周

一个接待小组领导了一项调查，目的是找到在早期基础阶段引入“学会学习周”（Learning to Learn Week）概念的最佳方式。他们用整个学期的时间在孩子们身上尝试了不同的举措，因为孩子们现在正处于接受能力最强的发展阶段。他们的结论是，最好是在学期开始时推出“学会学习周”，并利用整个学期的时间逐一介绍每项举措。

案例研究 | 纵向调查小组

终身学习计划

整个教育团队决定用一整年的时间来研究如何在不同年级的孩子身上最好地使用终身学习计划的概念。下表说明了这种行动研究的方法如何在全校范围内引入一项倡议（该倡议在每个年级的呈现方式不尽相同）：

	基于证据的实践 | 行动研究 | 调查小组
早期基础阶段（0—5岁）	每次选择一种终身学习的特征和与之相关的动物，并为每一种特征投入一定的时间（例如两周或半个学期），以确保在进入下一个特征之前充分理解每一种特征的概念。有些学校用一整年的时间来介绍所有的6种特征，根据该“半学期”的特征重点开展大量的活动并带来机会。
1年级	在1年级，孩子们往往非常喜欢从动物的角度看问题。他们非常喜欢教室里的动物玩具，每当他们参与学习时都喜欢去拿。他们还喜欢把它们当作“帽子”来戴，这让他们觉得自己真的很有好奇心、创造力和毅力等。

续表

2年级	在2年级，孩子们往往非常喜欢使用这些特征来帮助他们回顾学习内容并检查他们的理解情况。他们解决问题的方式是否真的有效？他们是否可以用不同的方法得出相同的解决方案？他们作为小组成员或独立学习者工作得好吗？他们是否对更多内容感到好奇？
3年级	在3年级，孩子们往往非常喜欢使用这些特征来仔细思考学习目标，以及他们需要哪些处理方法才能在学习中取得成功。他们还喜欢用这些能力来创造和思考他们的成功步骤或成功标准声明。
4年级	在4年级，使用这些特征的一个奇妙用途是将其作为一种手段，在教室里建立一个鼓舞人心的、适合所有人的和支持性的学习环境。首先，6种特征被显示在墙上的大图表上。然后，学生们如果发现自己的哪个朋友表现出其中一种特征，就把这个朋友的名字贴在墙上。这样一来，每个同学都可以认可这个朋友，并为其庆祝。在他人身上寻找这些特征是使用这些特征的一种非常特别的方式。
5年级	在5年级，使用这些特征是一种出色的解决问题的能力。特征往往定义了我们需要什么，以及我们需要如何做才能在生活中取得成功。这促使我们尝试将它们作为解决问题的工具，更具体地说，是作为思维导图的分支。每种特征代表思维导图的不同分支，孩子们使用提示和他们对每种特征的理解来组织他们的思维并解决问题。例如，如果孩子们要做一个科学实验，他们会把实验的题目放在思维导图的中间，然后利用这种处理方式来计划和实施观察，并记录他们的观察结果，沿着思维导图的每个主要分支发展他们的思维过程。
6年级	在6年级，我们发现这些特征在过渡学习方面非常有效。我们需要如何发展每一个具体的重点，从而给学生带来一个成功的6年级，然后使他们尽可能顺利地过渡到中学？这些特征是小学—中学过渡项目的重要来源，也有助于形成6年级学生在第1次见到中学的老师和班主任时使用的学习语言。

反馈信息

“不知道的快乐”问题提出学习方法的开放政策和方法在任何时候都发展了一种丰富的文化，包括正式和非正式对话、专业对话以及以支持性方式分享成功、困难和障碍的机会。专业发展是学校基础建设的核心，与孩子们一样，专业对话和交谈使所有过程成为学校终身学习精神的组成部分。

同样重要的是建立一个基础平台，使校长有可能从其他人，如顾问、理事和同行那里得到反馈。与其他校长定期举行批评会议是非常有价值的。定期访问对方的学校并成为彼此的诤友是非常宝贵的。通过参观其他学校和接受关于自己学校的反馈意见，校长可以学到很多东西。

元认知

校长的元认知阶段是由反思和评估过程定义的，它使校长、理事机构和学校管理者能够根据通过多种来源收集的信息做出明智的决定：正式的自我评估计划、定量和定性的数据分析工作、调查问卷、基于证据的实践、年度政策评论，以及许多其他来源。为了能够从活动、倡议、干预或整个学校的教学过程中规划并获得有意义的证据，引入影响力评估模型的概念是非常有价值的。影响力评估模型通过一个渐近的过程（如图4.8所示），使学校能够构思一项倡议，然后确定它的影响。影响力评估模型作为“观点日”的一部分纳入学校全体教职工考虑范围的时候就能够更好地发挥作用。

全校性“不知道的快乐”问题提出学习文化

本章展示了学校如何应用卓越、丰富、快乐模型实现以下目标：

- 帮助教育者制定一套有助于推动教学过程和学校教育理念的方案。

阶段	影响力评估模型	证据来源/变化
输入	● 向各机构和学校介绍并宣传家长委员会的作用 ● 采用高质量的上岗程序对所有家长委员会进行培训 ● 让家长委员会感到是团队的一部分，并得到支持 ● 提高学校对于向家长做出承诺的意识	● 举办的家长委员会信息会议的数量 ● 使用每日评估表对家长委员会的意见进行反馈 ● 机构对于信息会议质量的反馈，以衡量理解（调查/问卷） ● 更多以家长为中心的校内授课 ● 就学校参与程度征求家长意见
输出	● 家长委员会/机构理解自己扮演的角色 ● 学校和地方当局表现出欢迎、热情和支持 ● 人们认为家长委员会是一个值得投资的项目 ● 家长委员会感受到自信、受重视、信息灵通，知道自己得到支持，是整体规划的一部分 ● 学校正在聘用家长委员会	● 家长委员会/参加的机构积极反馈的百分比 ● 参加的家长委员会/机构占被邀请者的百分比 ● 参加信息会议的家长委员会数量百分比 ● 聘用家长委员会的目标数量与最终数量（目标数量：18，最终数量：23）
中间成果	● 家长委员会有很高的知名度，感觉受到尊重和重视 ● 家长委员会作为多机构团队的一部分，正在进行合作 ● 家长委员会被视为与学校和洛杉矶的家长/地方当局战略相互关联的组成部分 ● 快乐家长委员会——工作满意度高——留在岗位上	● 希望组织/已雇用家长委员会的学校的百分比 ● 与初始基准相比，家长的参与度提高 ● 家长委员会参加网络会议的情况 ● 家长委员会的名称出现在育儿战略中 ● 机构反馈 ● 校长们的调查 ● 6个月一次的家长委员会评估
最终成果	● 与类似的角色（如学习导师）相比，家长委员会的成员保留率有所提高 ● 家长委员会与家庭和学校有效合作 ● 角色是可持续的	● 2011年后继续聘用家长委员会的学校的百分比 ● 家长委员会的成员流失率下降（与之前对比） ● 行为、出勤和成绩得到改善，如关键阶段的成绩、学校出勤率和优势/困难调查

图4.8 实践中的影响力评估模型

- 使儿童能够创建他们自己的版本，以帮助他们在学习中找到方向。
- 为校长们提供一个思考学校的考虑因素和战略需求的架构。

建议阅读

为了将本章置于整个学校基础结构的全球背景中，可以将作为卓越、丰富、快乐模型的一部分的原则与麦吉克里斯（MacGilchrist）、迈尔斯（Myers）、里德（Reed）在《智能学校》（*The Intelligent School*）一书中确定的成功学校具备的9种智能（情境性的、战略性的、学术性的、反思性的、教学性的、合作性的、情感性的、精神性的、伦理性的）进行比较。

5

学会学习周：

实施的原则及方法

明确教导如何学习是学校能够

给予孩子们的最珍贵的礼物。

马塞洛·斯塔克夫

前面几章描述了支撑“不知道的快乐”问题提出学习方法的原则是如何创造条件，使学习者能够培养对问题的开放态度及想要知道的内在动机的。

当学习者变得有内在动机想要了解和学习时，让他们感觉到自己知道如何学习自己想要学习的东西是非常重要的。因此，我们需要教授孩子如何学习。

考虑到这一令人振奋的挑战，本章向教育者介绍了“学会学习周”，其目的是：

- ◆ 将思考、学习和认知的过程置于教学过程的核心位置。
- ◆ 在课堂上创造一种鼓舞人心和激励人心的学习文化。
- ◆ 从学年一开始就为所有学习者展示成功的终身学习者以及创造性和批判性思维者所具备的学习工具、技能和态度。
- ◆ 为教师提供机会，使其深入了解班级中每个孩子的个性、学习能力和创造性思维。

如图5.1所示，“学会学习周”的重点是5个主要的影响领域。每一个影响领域都包含了一系列的策略，这些策略包含在“学会学习周”的课程中。如何教授这些策略是第6章的重点。

图5.1 学会学习周

实施战略

实施“学会学习周”最常见的方法是将其作为启动学校新学年的一种方式，或者采用以下方式：

1.“学会学习周”的概念可以扩展到每个学期的开始或一年中的特定时间。这就使实践者有机会在一年的时间里根据班级的学习轨迹逐步地、有策略地引入概念。

2. 为幼儿、低年级学生设置的“学会学习周”往往要留到春季学期开始时进行，那时所有的孩子都有时间适应他们的课程。早期教育工作者也可能想把这一周延长为一个月，以便有更多的时间来介绍和发展每项举措。

3. 学校学年的最后一周也可以专门作为学习周，让学生有机会反思他们一年的学习，并讨论未来一年的挑战。这个时间表如图5.2所示。

	“学会学习周”										
	秋季学期				春季学期			夏季学期			
	9月	10月	11月	12月	1月	2月	3月	4月	5月	6月	7月
5—11岁	学期开始				学期开始			学期开始			“学会学习周”
0—5岁					0—5岁阶段的开始（一整个月）						一整个月

图5.2 “学会学习周”时间安排

讨论要点

教师也可以与学生沟通将“学会学习周”转换为其他主题，我们的选择是多样的，例如：

- 学会学习和思考周
- 爱学习周
- 学会爱校园周
- 如何掌握我们需要知道的一切周

学校版“学会学习周”

“学会学习周”的非规定性有助于每所学校开发他们自己的学习周定制版本，以便纳入每所学校独特的精神、愿景、教育理念和学校发展计划中的新优先事项。

班级版“学会学习周”

学校在建立“学会学习周”的过程中，需要仔细考虑，并搭建基础结构，使每个教师都能为之作出计划。如果学校考虑在新学年启动“学会学习周”，那么最好是在上一学年的整个夏季学期为它做准备。将整个学期的时间用于过程的规划是非常有益的，因为这有助于：

1. 使每位教育者都熟悉“学会学习周”的原则和目的。

2. 使每位教育者都可以基于他们的个人想法思考他们想要纳入的、与他们下一学年要教授的年级有关的举措类型。

3. 使每位教育者都可以利用夏季学期在他们的课堂上与学生一起进行行动研究，试验他们希望在9月纳入“学会学习周”的一部分想法。

4. 在夏季组织教育者专业发展会议，促进专业对话，交流想法，根据行动研究项目中出现的证据进行讨论，所有这些使每一位教育者都能够计划专门为其所教年级定制的长效学习方法，并构成全校教授孩子如何学习的“进展图”的一部分。

“学会学习周”定制模板

下面提供的模板（见图5.3）可以作为展现我们初步想法的工具，为每位教师和每个年级定制一个个性化的“学会学习周”，其中每天要引入的举措可以在每日需要完成的环节中进行记录。

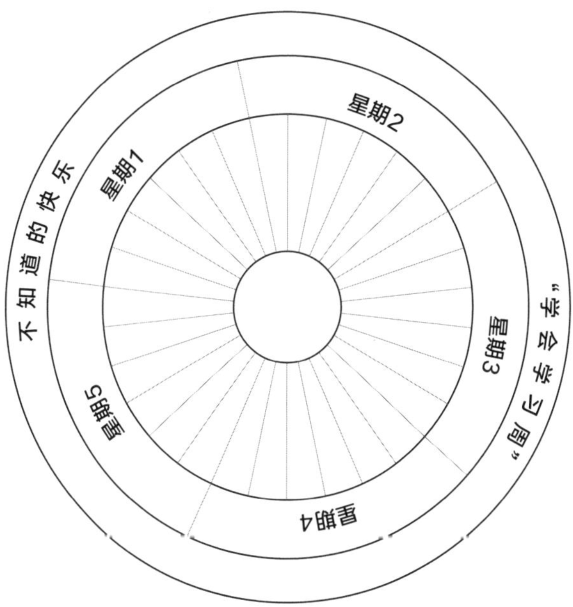

图5.3 “学会学习周”定制模板

6

学会学习周：

教学内容的每日指南

我们度过了令人惊奇的学习周。孩子们就如何看待他们的学习提出了一些奇妙的想法，所有人都在谈论上课时遇到的困难，家庭作业已经被学习日记所取代……教师们告诉我，他们非常喜欢这个活动，这让他们想起了自己选择成为教师的原因。

大卫·奥尔德姆

诺福克郡的一位校长

本章将带领读者逐步了解如何开启一个学年——通过教授构成“学会学习周”的5天流程和主题的每个组成部分。这些组成部分在图6.1中得到了描述。

本章提出的所有想法都可以作为提示，使实践者设计出他们自己的、按年龄和年级划分的“学会学习周”。本章末尾有一个空白版本的“管状图”设计，供实践者在设计好最终版本的“学会学习周”活动后填入。

第1天：学习模型日

什么是教育?

学校作为卓越中心

“学会学习周”的第1天提供了一个绝好的机会，让孩子们热爱学习，对即将到来的一切感到兴奋。我们的想法是，在第1天结束时，全班同学

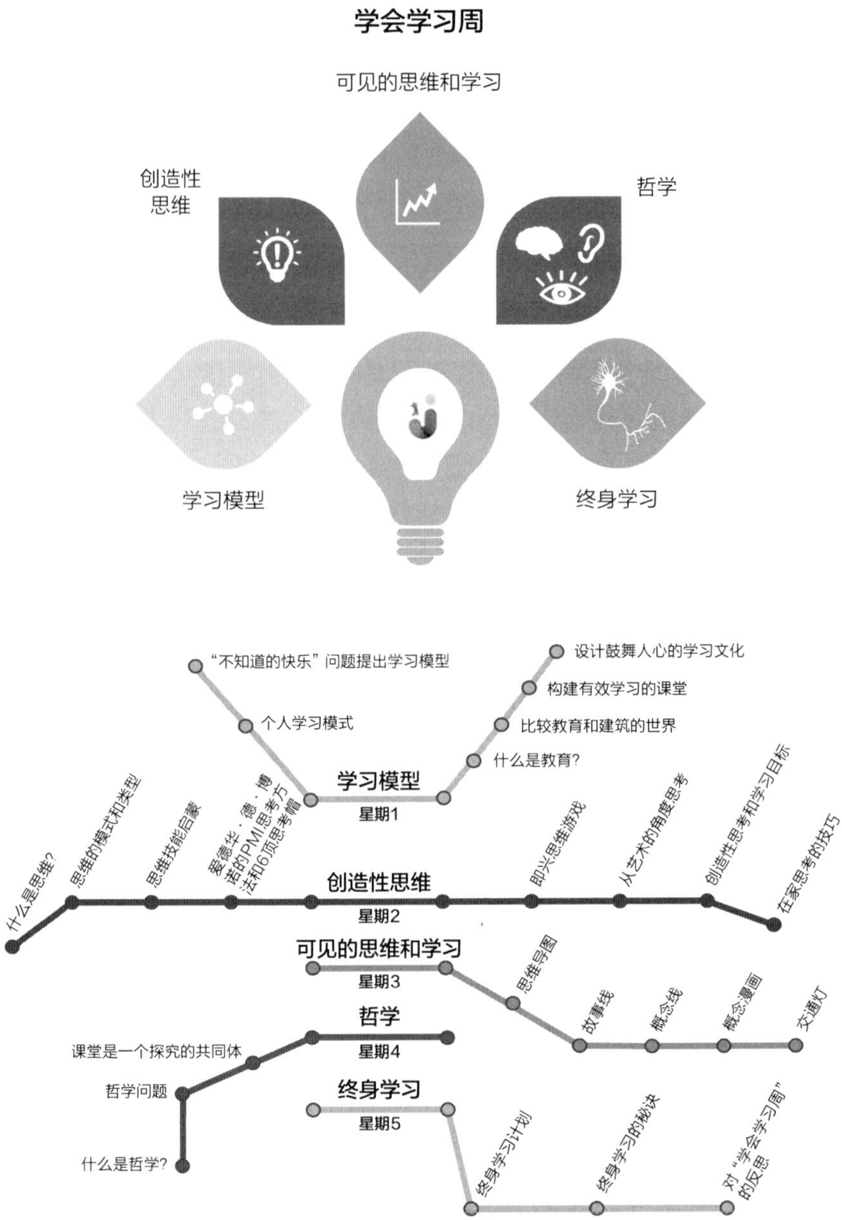

图6.1 学会学习周每日涉及的概念

将对学习、上学和教育的定义、目的、价值、好处和相关性达成共识。

“学会学习周”以“什么是教育”的全班讨论开启。让孩子们从学年开始就沉浸在对话中，帮助他们了解和思考教育的目的和价值，以及学校如何为所有学生和教育者提供最好的教育体验——这是非常有意义的。

比较教育和建筑的世界

教师是学习的设计师

你有没有想过以讨论建筑师和建筑世界的方式来迎接你的新班级？虽然这听起来可能有点不寻常，但我强烈推荐。类比、隐喻和模型是一种通过将新概念与人们已经熟悉的事物进行比较来赋予新概念意义的良好方式。

我相信，建筑师最终创造出一个成功的产品的过程，为我们提供了一个关于学校和教育如何运作的有力比喻。我一直对建筑师和建筑行业如何实现最初看起来不可能的事情感到着迷。我们怎么可能建造出一座摩天大楼，建造出一座吊桥或创建出一个新的地下系统？从哪里开始呢？在一个项目能够落地并经历各个阶段之前，似乎有无限多的因素必须被考虑、计划、安排、协调、沟通和准备（如图6.2所示）。

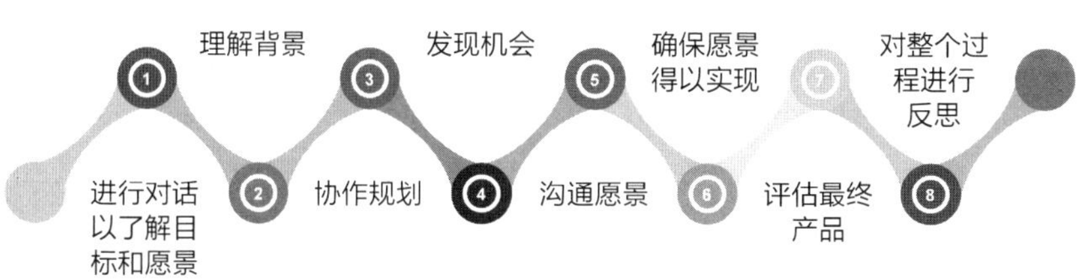

图6.2 建筑师的建造流程

为了确保一个项目的愿景得以实现，建筑师首先以图纸的形式制订一个极其详细的计划，详细说明他们想要实现的目标。然后，建筑师寻找大量的技术专家，他们在一段时间内合作以实现最终目标，不断评估他们的进展并反思最初计划的目标。对学校教育来说，过程是同样的。为了实现我们的愿景，我们从一个非常详细的战略计划开始，寻找各领域的专家，在一段时间内合作，以实现最终目标，一路评估我们的进展并反思最初的计划。

建筑师寻找专业的砌砖工、水管工和电工；同样，学校寻找专业的教师、管理者、其他服务提供者和利益相关者支持学校的发展。对孩子们来说，在他们学年的第1天结束时能意识到并带回家的感觉是，学校将他们视作可以帮助学校实现计划和愿景的“学习专家”——这一点足以让孩子们对学习充满期待。

构建有效学习的课堂

最大限度地提高学习互动和参与度

继续使用建筑学词汇与孩子们讨论如何最好地构建他们的教室以进行有效的学习，这是非常有趣的。桌子的最佳布局是什么？教室的大小和形状、孩子的数量、健康和安全考虑、消防通道、资源库、阅读角、地毯区和光源等因素如何影响这种构造？

“不知道的快乐”问题提出学习方法鼓励通过共同构建教室空间来试验创新的座位计划，使所有人的学习效率最大化。如图6.3所示，当座位布局计划以马蹄形或会议式设计为基础时，我们可以看到这样布局带来的益处。

图6.3 座位布局计划示例

这种设计和配置使得：

1. 所有学生都感到自己在课堂上被平等地对待，因为教师没有预先假设学生的能力，从而确定座位安排。

2. 所有学生在任何时候都能清楚地看到教师。

3. 学习过程被随时呈现给所有学生，让他们始终感受到自己沉浸在学习的兴奋之中。

4. 对学习的干扰被最大限度地降低了。这样可以减少学生坐在桌子上时可能发生的闲聊和分心。

5. 每个学生都能关注到正在发言或分享知识的人。

6. 被座位环绕的中间区域被用作一个自由流动和动态的支持空间，任何学生都可以在他们需要帮助或安慰时进入。这个设计允许教师或学生随时加入讨论。

7. 教室能够满足学生小组学习的需求，为戏剧表演提供足够的空间等。

设计一个鼓舞人心的学习文化

一个包容性的调查社区

当我们构建了有效学习的设施和基础，就获得了一个很好的机会，可以利用“学会学习周”的第1天为学生建立学习的动机和鼓舞人心的文化。这使得每个班级都能以一套共同商定和共同构建的原则来启动这一年的学习，将班级变成一个“欢迎和包容的探究社区”。在这里，所有的观点都受到同等重视，每个人都被鼓励进行冒险和思考，可以自由地假设、产生好奇心、分享想法并平等地重视别人的想法。在这个阶段，在多元文化课堂中讨论并纳入多语言思维方法的原则是很有意义的，这将在第11章中详细讨论。

建议阅读

在《教育中的思考》(*Thinking in Education*)一书中，李普曼(Lipman)描述了发展社区的多方面价值，并指出许多学生能够“借鉴每个人的经验，并使由此产生的意义能够为所有人所用”。

阐释“不知道的快乐”问题提出学习方法的原则

如何培养孩子对问题的开放态度

教育者现在已经准备好使用第2章中介绍的“不知道的快乐”问题提出学习模型来激发每个孩子对学习、思考和未知的终身热爱。孩子们可以通过在教室或学校大厅的地板上建造一个大型的“不知道的快乐”问题提出学习模型来体验。当这个过程开始时，孩子们可以坐在问题洞穴的边缘：

◆ 两名志愿者（儿童A和儿童B）被邀请参与老师的教学演示，并站在问题洞穴的顶部。

◆ 儿童A被问到一个他一定会知道答案的问题。

◆ 当儿童A回答“正确”答案时，老师表扬了他，并解释说，由于他知道答案，他可以跳过问题洞穴。

◆ 儿童A跳过问题洞穴，落在另一边。

◆ 然后，儿童B被问到一个他不知道答案的问题。

◆ 儿童B在说“我不知道”之前，有时间思考这个问题。

◆ 老师对儿童B的回答非常兴奋，并兴致勃勃地对全班同学说：“B不知道，这很好！你们为什么认为B不知道我问的问题的答案是件好事？”

◆ 他们可能会回答“因为这样他就能学会了”，也可能不会这么回答。

◆ 然后，老师陪同儿童B进入问题洞穴的中心。

◆ 在问题洞穴内，老师问儿童B，他拥有什么资源、技能、工具、特征和策略，以及学校为他配备了什么，使他能够去探索问题洞穴中的答案。

◆ 这是一个讨论有效学习者、创造性思维者和问题解决者策略的好机会。

◆ 根据提出的问题，儿童B现在可能会询问朋友、利用网络进行研究、尝试用计算器计算等。

◆ 当他觉得自己已经能够解决并回答问题时，他就可以走出问题洞穴，与儿童A会合。

◆ 下一个问题是关于儿童如何看待学习过程以及如何使他们对自己作为学习者的感觉产生如此大的转变。

◆ 老师问全班：“当我问A一个问题，而他知道答案时，他是否学到了什么？”

◆ 全班同学都回答：“不，A已经知道了！”

◆ 老师接着问全班："当我问B一个问题，而他不知道答案时，他学到了什么吗？"

◆ 然后全班同学都回答道："是的！"

◆ 这时，老师指出，只有在一开始不知道某项知识，我们才能展开学习。这就是为什么意识到自己身处不知道的时刻是很棒的！

与孩子们分享这些概念的深度将在很大程度上取决于他们的年龄。在这个阶段，重要的是要与孩子们讨论，尽管今天我们很喜欢思考不知道是多么令人兴奋的事情，但在生活中的许多情况下，知道和能够"跳过问题洞穴"实际上是至关重要的，也是必要的。

从"知道是非常重要的"这一类情况中得出的结论，对于帮助儿童区分知道和不知道的情况以及看到两者的价值是非常有启发性的（第2章）。知道和不知道之间的联系也可以通过讨论获得新的知识依赖于我们已经知道的内容来实现。

与孩子们分享"不知道的快乐"问题提出学习模型的原则，对他们开始认识学习过程的方式产生了如此深远的影响，并鼓励他们在学习过程中

建议阅读

在这个阶段，可以参考佩尔佩图亚·柯比（Perpetua Kirby）博士和丽贝卡·韦布（Rebecca Webb）博士在2019年发表的一篇非常有趣的文章，他们的文章介绍了"3种不同的教育模式的概述，与不同的教育目标有关。其中两种强调知识获取的一致性——'掌握知识'和'发现知识'，第3种为'不知道'，强调在可能知道什么、做什么和成为什么方面的转变"。

思考他们知道什么和不知道什么，这一点非常了不起。我永远不会忘记，一位4年级的学生说，当他走出问题洞穴时，他实际上已经学到了一些新东西。

个人学习模式

每个孩子都是学习的专家

第1天以最激动人心的和变革性的活动结束。到目前为止，这一天已经帮助全班同学利用一系列的视觉模型深入讨论了学习。下一步是向他们介绍如何看待自己的学习过程，从而创建他们自己的学习模型。与孩子们分享一些例子是非常有帮助的，这样可以使他们的目标变得清晰，使他们的想法开始流动。例如，有些孩子认为学习就像爬梯子或爬楼梯：他们是一步一步来完成的；或者像砌墙一样，每次砌一块砖（见图6.4）。

图6.4 一砖一瓦式学习模型

有些孩子把学习看作爬山：他们必须逐步完成。他们可能要在半山腰露营过夜，需要很多资源，如地图、食物，甚至是另一个充当专家向导的人，帮助他们到达山顶（见图6.5）。

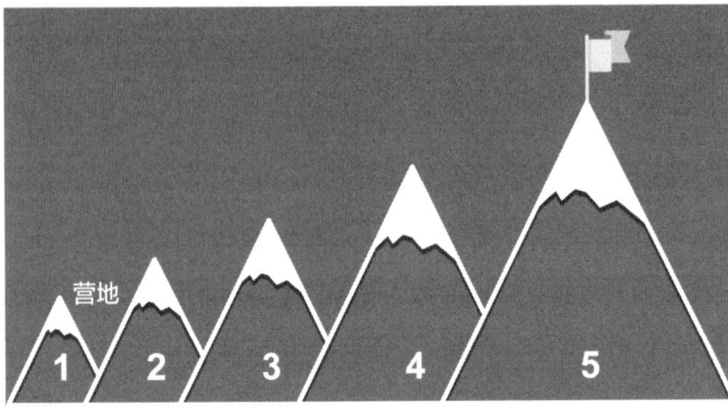

图6.5　攀登高山式学习模型

有些孩子认为学习如同射箭：有时他们会射中两侧，有时他们根本没有射中目标，但有时他们会射中靶心。在这种模式下，孩子们还描述了将每支箭装到弓上所需的“努力”，以及在瞄准时需要注意力集中，并保持专注。这与学习的过程有许多有趣的相似之处（见图6.6）。

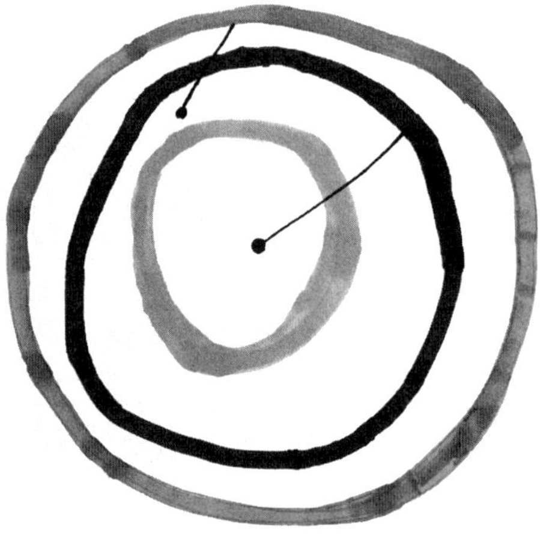

图6.6　瞄准目标式学习模型

我非常喜欢这个孩子描述的他的学习方式。对他来说，学习的感觉就像进入了一个迷宫（见图6.7）：当我开始学习时，我不确定前进的路线，我经常走在有死胡同的路上，故而不得不重新开始。但最终，通过大量的努力，我总是能找到我的出路。

图6.7　迷宫式学习模型

孩子们经常把他们的学习描述为赛车比赛：他们必须在赛道上操作，使用不同的挡位，并不可避免地要进站加油、换轮胎、适应不同的天气条件等；或者是在跑道上的运动员，他们面临着需要克服的障碍，每当他们跳过一个障碍，就是他们学习的时候。这个孩子用他对恐龙的热情和他自己对问题洞穴的解释，创造了他的“史前”到“现在”学习模型（见图6.8）。他在学习之前处于史前时代，当他走出问题洞穴并学到知识时，就到达了人类所处的时代。

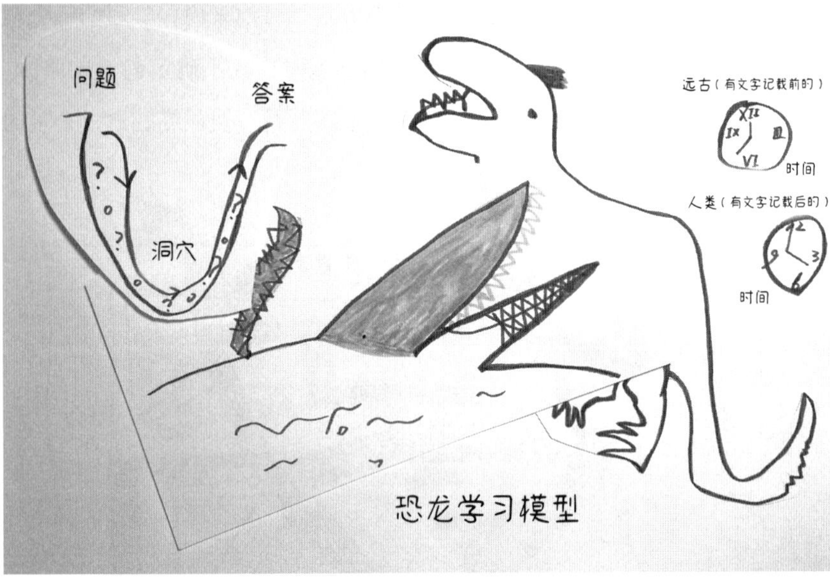

图6.8 恐龙式学习模型

这个孩子利用他对计算机的热情创造了他的模型，这个模型非常有创意，非常新颖（见图6.9）。

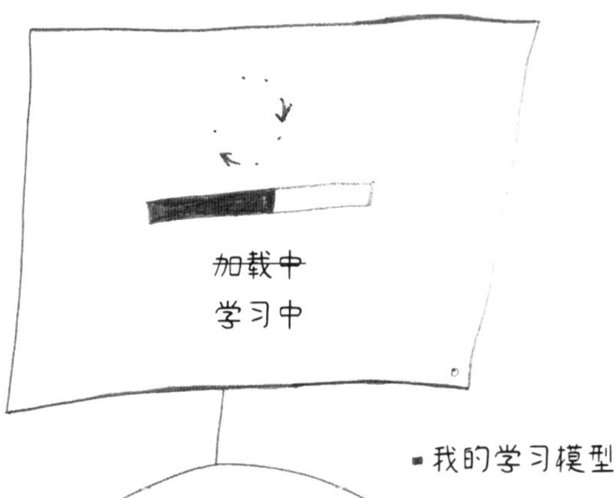

图6.9 计算机式学习模型

当每个孩子都有机会思考和创造他们自己的模型，他们就能很好地解释自己的想法。图解模型是一个非常棒的全班展示，这意味着他们在第1天结束时会感到他们作为学习者所提出的观点得到了教师的赞赏，所有的孩子都作为学习专家得到了平等的重视与欣赏。

讨论要点

个人学习模式是教育从业者与每个孩子沟通他们全年学习情况的绝佳方式。在反馈对话中使用他们学习模式的语言是非常有价值的，这些对话对每个孩子来说是具有元认知性和个性化的。

案例研究

个人学习模型对个体愉悦感的影响

这方面一个特别有力的论证是，一个孩子把她在5年级开始时的学习描述为“绕圈”。她解释说，自从上学以来，她觉得自己好像一直在绕圈子，没有取得很大的进展。这导致她作为一个学习者感到沮丧。而在她创建了自己的学习模型之后，作为教师的我们利用她自己的学习术语，一有机会就从环形路中找到出口。到这一学年结束时，她完全找到了新的学习状态，她认为自己的转变得益于学习模型帮助自己想象学习过程、克服障碍、培养积极心态、建立自信心。

第2天：创造性思维日

什么是思维？

为学习而思考、为思考而学习

“学会学习周”的第1天（或星期一）介绍了“不知道的快乐”问题提出学习模型，并描述了该模型如何帮助教育从业者与学生讨论学习过程，并以热情、动机、参与、好奇心和智慧游戏取代焦虑、不确定、担心和忧虑的感觉。“学会学习周”的第2天（或星期二）也使用“不知道的快乐”问题提出学习模型来关注“思维”对学习过程每个阶段的重要性。第2天的活动旨在将“思维”和“学习”作为学生头脑中相互关联的平等伙伴，并作为日常课堂和学校生活的一部分。

第2天的重点从学习转向思维，并提供了一个很好的机会，让孩子们热爱各种形式的思维，欣赏思维给他们的生活带来的价值，不论是在学校里还是在学校外。我们的想法是，在第2天结束时，让全班就采用创造性思维的目的、价值、好处和相关性达成共识，批判性地分析概念，并拥有帮助他们构建思考的工具。

这一天以全班讨论思维的方式展开：它是什么？它如何帮助我们？为什么它很重要？如何定义它？它将如何帮助我们进入课程？它如何与课堂上的日常教学联系起来？它如何在我们的生活中发挥如此关键的作用？想想他们在历史上或现在的生活中所钦佩的伟大思想家的例子，也确实很有意思。

思维是关于什么？

我们具有创造性、批判性和分析性的思维能力。我们的大脑是如何帮助我们思考的呢？我们的思维储存在哪里？我们如何将旧思维与新思维联系起来？我们应该坚持自己的想法吗？成人和儿童对同一事物的思考方式不同吗？在倾听彼此的想法后，我们能否学会改变对方的和自己的想法？我们能通过口头语言、书面语言和视觉表现向他人展示我们的思维吗？机器可以思考吗？我们能停止思考吗？我们在睡觉的时候也会思考吗？

有哪些不同类型的思维？

这是一个可以与孩子们讨论的好问题，也是开始揭开思维的神秘面纱和澄清通常与不同类型思维相关的术语的绝佳方式。我们所说的创造性思维、批判性思维、分析性思维、哲学思维、发散性思维、具体思维和抽象思维是什么意思？我们能否培养所有这些思维能力？孩子们非常喜欢思考这些问题，并发现有这么多不同的思维方式是非常吸引人的。

我们能思考我们的思维吗？

- 思考我们的思维是什么意思？
- “元认知”是什么意思？
- 元（meta）是什么意思？
- 认知是什么意思？

什么是智慧？

- 智慧与思维有什么联系？
- 不同人的智慧在不同的事情和方式上有不同的表现吗？
- 我们能不能增长我们的智慧？
- 动物有智慧吗？
- 计算机和机器人是拥有智慧的吗？
- 人工智能是否真的拥有智慧？
- 人工智能能否识别我们声音中的感情和情绪？

以对思维的深入讨论迎接新的学生和新学年是极具意义的，这为学生们“预演”了许多将要发生的事情，既是“学会学习周”的一部分，也是“不知道的快乐”问题提出学习方法为他们所提供的一部分。

关于思维的模式、隐喻和类比

速度最快的汽车

本章的开始部分提到，模型、类比和隐喻可以促进孩子对学习的热爱。在本节中，它们也将被用来促进孩子对思考的热爱。向学生介绍世界上速度最快的汽车模型，可以很好地强调发展思维技能和以富有成效的方式应用我们的思维的重要性。这个模型帮助他们从概念上认识到，除非我们有能力在有目标的情况下使用它，否则智慧是没有用的。我们可以让孩子们尝试找出世界上速度最快的车，然后将智慧与其极强的发动机进行类比。

就汽车而言，如果我们不知道如何安全地驾驶它，那将是非常危险的；同样，如果一个人不具备有目的地使用智慧的能力或思维技巧，那么他拥有惊人的智慧也没有什么好处。这与其说是关于我们有多少智慧，不如说是关于我们如何使用我们所拥有的智慧。从这样的角度来看，所有学习者都能感受到他们作为聪明个体的平等价值。因此，“学会学习周”是一种伟大的方式，可以帮助每个学习者获得世界上最好的车手的所有技能！

思维技能启蒙

每天都有开放性的思维技能挑战

它们让我感到自己很受欢迎，也让我有信心去创造新的知识。如果我能做一张初学者的思维导图，那就太棒了！

一名10岁的学生

在我开始教书时，我被每天早上与每个孩子的第一次互动所吸引。我希望他们期待来到学校，期待进入教室，期待他们未来的一天。我希望他们一到学校就感到自己受到了欢迎，获得一种安全感，成为“班级大家庭”的一员，并作为个人受到重视，做出自己的贡献。我想确保无论他们在那天早上或自己的生活中经历了什么，他们在课堂上都同样感到特别。

我开始尝试用一些有组织的方式来欢迎孩子们和他们的家人，一种带有目标但每天都在变化的常规，这样他们就会一直抱有期待。我开始在教室外的白板上写下一天的主要学习目标给（孩子们的）家庭看。他们很喜欢我这样做，虽然有点费时，但它起到了与家庭对话的作用，也将学校的学习与家庭的学习联系了起来。

我开始在地毯区为任何有兴趣的孩子提供挑战型练习。我很快意识到，孩子们对参与这些任务有相当大的渴求，但是地毯区和一个可以写下所有答案的中心位置已经开始显得过小，无法满足他们产生的兴趣。在给每个孩子提供他们自己的思维技能书，让他们可以在这些挑战中一展身手时，我开始做一些事情，这些事情将成为我所教的每个班级日常工作的一部分。

“思维技能启蒙”对儿童对学校的看法、他们的内在动机、他们的思维创造力、他们对思考的乐趣以及他们对学校和家庭中的教学、学习和思考的各个方面的积极态度都有多方面的影响，并具有变革性。

第7章专门介绍了“思维技能启蒙”的理念、原则、策略、关于如何实施的想法以及与家庭的联系，并列举了许多例子说明“思维技能启蒙”在英国已经和正在产生的影响。

第7章还描述了“思维技能启蒙”的想法如何延伸到操场，以便为学生及他们的家庭提供在社交场合共同思考的契机。

思考页

试验和承担风险的自由

我注意到，“思维技能启蒙”计划的一个主要好处是让孩子们在思维技能书中体验到了自由的感觉。这些书让他们在参与挑战的同时感到他们可以自由地试验自己的思维，这是相当难得的，为我们提供了一个美妙的机会来研究为什么会这样，并思考是否可以在某些方面调整课程的教学方式以达到类似自由的感觉。

当被问及感受时，孩子们都解释说，除了在开始的时候觉得很有趣，不是那种“正式”的学习之外，他们还喜欢这样一个事实，即他们知道这些书永远不会被“标记”或以任何方式被“评判”。这种自由的感觉是否可以复制到他们的日常学科书中？经过多年的思考，我认为引入“思考页”的概念可能会非常有效，能够复制这种自由感，在日常课程中体现他们的思考。这个想法是将他们学科书的每一个左页都作为所谓的“思考页”。我们向学生解释说，“思考页”是供他们以任何方式使用的，可以通过任何对他们有帮助的方式试验他们的思维，并向他们保证，“思考页”和“思维技能书”一样，不会被评判、标记或以任何方式被评论，除非他们选择这样做。

“思考页”为学生提供了一个机会，让他们可以随心所欲地去冒险，不必担心是否整洁，是否需要划掉一些东西，或对一个拼写、一次数学运算或构建一个复杂的句子进行几次尝试。“思考页”允许学生在老师授课时记下一些东西。这是一个很好的方法，可以捕捉到他们的即时想法，从而使这些想法不会被丢失或忘记，也不会使他们觉得自己必须等到一个好的时机才能记下它们。

在许多情况下，“思考页”也是小白板的一个很好的替代品。它们同样培养了学生“尝试”“分享”和“向全班展示”的能力，但还有一个好处，那就是它们不会被擦掉，也不会永远丢失。“思考页”为孩子们的理解、他们所使用的思考策略的深度和广度以及他们在处理每个学习目标或进行解决问题的练习时的智慧提供了精彩的记录。

“思考页”还为学生提供了一个很好的空间，在那里他们可以写下老师在反馈会议上、在走动和查看他们的作品时提出的意见，或者他们的同伴在学习反思讨论中提出的意见。这是一个很好的方法，可以确保老师的持续口头反馈被记录下来，而不会丢失。

学生们从“思考页”中受益匪浅，他们经常描述“思考页”给他们带来了很大的学习试验自由，他们更愿意毫无顾虑地去尝试一些事情，在思考和学习方面承担更大的风险。

讨论要点

1. 你可以如何介绍“思考页”的概念?

2. 你是否需要考虑到不同的年级和不同的科目?

3. 教师或学生是否有改编它的想法? 例如，是否可以每两页设置一张“思考页”?

构建我们的思维

爱德华·德·博诺的PMI思考方法和6顶思考帽

我一直相信，所有儿童先天拥有大量的信息、原创思想、观点和智慧，并在此基础上持续学习。我觉得，作为教育从业者，我们发现自己能够为他们提供一系列策略，使他们能够理解这一切，能够系统地应用这些策略，这是非常令人兴奋的。我把这个有利的过程称为“使儿童能够构建他们的思维”。爱德华·德·博诺博士的工作是“结构化思维”的最佳灵感来源，他毕生致力于开发结构化思维的技术，培养清晰地、创造性地和横向思考的能力。

建议阅读

爱德华·德·博诺基于“思维”这一主题写了大量的文章。我强烈推荐他于1987年出版的书《给思想者的信》(*Letters to Thinkers*)。作为一本非常有启发性、发人深省和鼓舞人心的书，你可以把它放入你的思维技能书库。

现在我将介绍爱德华·德·博诺对课堂教学最有用的两个技巧——PMI思考方法和6顶思考帽。它们可以让学生构建自己的思维，而且作为日常工作的一部分，它们很有趣，很容易被采纳。

PMI思考方法 | 正向、负向、有趣

PMI是“正向(Plus)、负向(Minus)和有趣(Interesting)”的缩写，当人们试图对一个特定的问题或主题形成观点或收集想法时，它是一个很好的教学工具。它允许实践者快速收集全班提供的信息，并利用集体的思考来做出进一步的决定，计划下一步，提出进一步的问题，或总结关于一个倡议、主题或研究的想法。或者，如果在一项主题内容的教学前后使

用，它可以作为一个有洞察力的信息来源进行评估，以比较学生思考的深度和他们对主题的理解。

如果要求学生或成年人思考即将要讲授或讨论的东西，就会有成百上千的想法出现在他们的脑海中，所有的想法都是一团乱麻，没有特定的顺序。PMI思考方法要求我们首先用一分钟的时间思考我们正在考虑的主题的所有正向因素（P），然后用一分钟的时间思考其可能存在的负向因素（M），最后用一分钟的时间思考其有趣之处（I），从而将这些情况转变为有秩序的和有结构的情况。这些可以是问题、观察或联系。

在这3分钟内产生的想法可以被学生们以任何方式记录下来：笔记形式、图片、图表或句子。这个过程以每个人的思考和想法为基础，从而促进全班讨论，提出假设，得出结论，提出问题，讨论专业知识和错误概念，并就下一步的调查和学习轨迹做出决定。

6顶思考帽 | 考虑到不同的观点

6顶思考帽在课堂上使用起来非常有趣，是一个非常好的工具，可以让孩子们从小就了解到有更多的方法来看待和考虑一个特定的场景、感受一种情况并试图找到一个解决方案。思考帽使个人在生活中具备了从多维的角度看待和欣赏世界的能力。它们提倡一种开放的心态，帮助个人认识到并考虑他人的想法、思想、感受和意见，同时鼓励人们探索自己看待事物的其他方式。美国记者、编辑、散文家、语言学家、词典编纂者和评论家H. L. 门肯（H. L. Mencken）曾指出：

> 道德上的确定性有时是文化低级的标志。越是未开化的人，越是确信自己知道什么是对的，什么是错的。所有的人类进步，甚至

> 是道德方面的进步，都应归功于那些怀疑当前道德价值的人，而不是那些把它们抬高并试图强制执行的人。真正文明的人在各个领域保持的态度都是怀疑的和包容的。他们的文化是基于“我不太确定”。

这段话特别有力，因为它非常清楚地强调了重视“不确定”的重要性，始终为更深入的思考留有余地，并会在任何时候接受我们所相信的其他观点。6顶思考帽通过培养我们从其他角度考虑问题的能力，帮助我们在情感上形成对“不太确定”和“更不确定”感到舒适的态度，这两个特征是“不知道的快乐”问题提出哲学和方法的基础。

这6顶思考帽之所以能够做到这一点，是因为它们旨在让我们通过6种不同的思考方式来处理问题。对于那些确信或已经习惯于只用一种方式思考某些情景的学生来说，这是一个非常强大的工具。每顶帽子都鼓励人们从不同的角度思考、感受、想象和考虑一个问题或概念。下图（图6.10）中的6顶思考帽模型改编自爱德华·德·博诺。

6顶帽子分别具有如下含义：（1）白帽子关注信息；（2）黄帽子关注积极因素；（3）黑帽子关注判断力；（4）红帽子关注情绪；（5）绿帽子关注创造力；（6）蓝帽子侧重于对所有帽子所代表意义的反思。

6顶思考帽让孩子们参与有意思的练习，帮助他们熟悉“用不同角度思考问题”的原则和所需的技能类型，这一点是非常有趣的。学会从不同的角度考虑生活中的事件是一项非常有用的技能，可以从小培养，从而有助于个人发展为一个具有批判性和创造性的思想家。

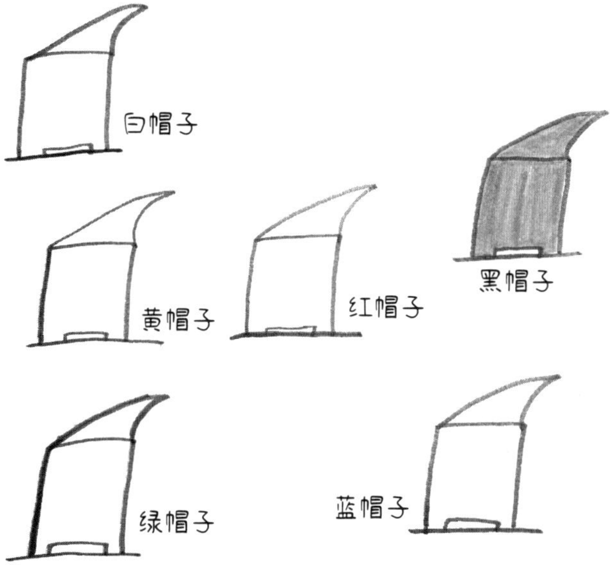

图6.10　爱德华·德·博诺的思考帽

即兴思维游戏

用幽默来建立信心和自尊心

6顶思考帽在将幽默引入日常课堂方面是非常棒的。事实上，爱德华·德·博诺本人在他的《我是对的，你是错的》(*I am Right, You are Wrong*)一书中指出，幽默"是迄今为止人类头脑中最重要的行为"。这里的想法是将儿童置于他们自愿表演的场景中。实践者用特定的场景让孩子们开始表演，然后随着场景的展开，他们改变了孩子们所戴的帽子：

1. 两个孩子走到前面，一个是服务员，另一个是餐厅的顾客。场景是顾客来到这里吃了一顿非常特别的饭菜，所点的食物需要很长时间才能送到。如果顾客是戴着思考帽的人，并且他在向服务员讲述他所面临的问题时会轮流戴上不同的思考帽，那么这个方法就会很有效。

2. 在这个场景中，两名志愿者分别扮演出租车司机和乘客。当乘客到达目的地时，他们发现自己没有钱，也没有办法付钱。帽子可以由两个人戴，也可以只由其中一个人戴，这两种安排都非常有效。

当孩子们熟悉了每顶帽子鼓励他们去拥有的特征和想法，在日常教学和学习中开始引入这些帽子是令人兴奋的。教师可以让6个孩子组成一个小组考虑同一个问题，但每个孩子都戴着一顶不同的帽子。如果在这个过程中，每个孩子所戴的帽子在他们之间进行交换，那么每个孩子都可以从不同的角度考虑问题。

另一个想法是在墙上贴上6张面积较大的纸，每张纸代表一顶帽子，孩子们可以在墙边走动，边走边在纸上写字来表达他们的想法和感受。这是一个非常简单且不具威胁性的方法，可以让孩子们思考一个场景、问题或任务，并帮助他们在全班讨论之前构建他们的思维和想法。

从艺术的角度思考

本周图片

向学生介绍“本周图片”的概念以提高他们的创造性、批判性和交流性思维能力，这是非常有吸引力的。如果在周一的全校大会上向学生介绍一张“本周图片”，效果会非常好。艺术作品（来自艺术家或儿童）可以是一张照片、一幅画、一个雕塑或一幅壁画。它可以与世界事件或学校即将关注的主题相联系并具有重要意义，也可以是完全没有联系的。

在介绍图片时可以向学生提供一些背景资料，用以讨论主题和艺术家。然后，学生们会获得一些时间在集会上思考艺术作品并提出一些想法。他们可以专注于艺术作品给他们带来的感觉，它让他们想到或想起了什么，他们是否喜欢它以及为什么，他们认为艺术家试图描绘什么，或者它对他们意味着什么。它也可以作为一个“展示”放在走廊上，路过的人可以用便签纸发表他们的看法。

“本周图片”也可以放在学校的网站上和学校的宣传栏中，以鼓励学生从艺术的角度进行批判性和创造性思考。网站和博客也为学生提供了很好的机会，让他们发表自己的想法并分享他人的想法。然后，学校决定如何最好地分享和庆祝学生所产生的思考——在一周结束时的庆祝集会上，每个班级会制作一本全校性的图书，或让各年级的孩子分享他们的想法。

案例研究

本周图片

如果使用儿童或家长制作的艺术作品，那么“本周图片”活动就会产生巨大的力量：就自尊心而言，这个机会确实是革命性的！作为校长挑战的一部分，一个2年级的孩子创作了图6.11所示的图片，以庆祝学年的第100天。

这个孩子和他的妈妈一起去了海滩，收集了100件东西，并创作了这个雕塑。他的“图片”被选为学校的“本周图片”之一，这对他来说是一个巨大的转变——他的自信和自尊，以及他给许多其他孩子带来的灵感。

还有一次，我们使用了一位家长的画作作为本周图片，这位家长是当地的一位艺术家。在那周结束时，这位家长能够进来和孩子们讨论艺术作品，随后的对话、讨论和思考都是非常特别的。这使得许多孩子在回到教室时说，他们长大后想成为一名艺术家！

图6.11 “本周图片”案例研究

案例研究

“本周图片”

“本周图片”活动以及在学校推广艺术已经成为社区项目的焦点：“不知道的快乐”问题提出学习方法和艺术慈善机构迈克尔 · 奥德里奇基金会进行了合作。这个项目每周为学校和社区的其他组织（如护理院）提供迈克尔 · 奥德里奇基金会收藏的当代艺术作品的图片，为期3个月。

参加项目的学校和组织可以展出实际的艺术作品，作为一个真正的艺术画廊来完成这个项目。每件艺术作品都是根据学生在项目过程中提出的建议进行策划的。所有参与者的朋友和家人以及附近社区都可以参观这个艺术画廊。这个项目提供了一种独特的方式将迈克尔·奥德里奇基金会的收藏品分享给更多的人，允许学校和社区的其他组织随时接触真正的艺术作品，并与艺术家和制作人建立直接的联系。

创造性思维和该课程的学习目标

通过好奇心和探究实现参与和激励

在课堂上讨论这些旨在促进批判性和创造性思维的技巧是非常有趣的，这些技巧将在课程中起到深刻的作用，并将作为所有教学方法的固有组成部分，促使学生应用他们的创造性和批判性思维技能。如何在课程的各个领域实现这一目标的细节，构成了第4章介绍的“卓越、丰富、快乐模型”原则的核心部分。

讨论要点

在这一点上，给学生简单介绍一下第4章的卓越、丰富、快乐模型的8个部分，强调该模型的每个部分如何促进批判性和创造性思维是很有意义的。在这个阶段，可以更具体地与孩子们分享几个例子（列在下面），以便他们对这一年中向他们展示的学习方法产生热情：

1. 学习目标是一个非常有用的例子。如果学习目标是作为一个问题而不是作为一个陈述来构建的，并将其分享给学生，那么它就可以成为培养创造性和批判性思维的一个更有用的工具。

2. 如果这个问题以“我们能不能……”而不是“需要能够……”开始，

那么学生就会习惯于把学习目标作为思考和讨论的触发点，作为相互支持的课堂学习环境中一项共同的事业。

3. 如果这个问题能够得到进一步的发展并被表述为一个哲学问题，那么随之而来的讨论的深度以及由此产生的参与度和积极性都将是非同寻常的。第8章集中讨论了哲学在课程中的影响，并有一些“哲学学习目标”的例子。

4. 在这一点上，也可以与学生分享“智力挑战”的概念，说明在分享学习目标时，他们将有机会利用他们的创造性和批判性思维。当他们参与学习时，可以在掌握了学习内容后通过智力挑战进行具体的后续活动，从而有机会贡献他们的创造力。

在家的创造性和批判性思维

在学校开始思考，在家里继续思考

第10章描述了一种开放式的、富于挑战的、有关思考技能的“家庭学习”方法，它将创造性和批判性思维的文化从学校延伸到家庭。这种方法是基于思维技能启蒙的开放式原则，让孩子们在学校开始思考，并持续思考。

在这一阶段，实践者与全班同学分享支持家庭学习方法的原则，构成每1周、每2周或每3周的开放式挑战，供他们和他们的家人享受。这些挑战可能与课程、世界事件或特殊庆典相关，也可能被设定为独立的活动。

第3天：可见的思维和学习日

什么是可见的思维和学习？

让所有人都能看到并享受思考和学习的乐趣

我们可以为学生提供的最有用和最有价值的思维和学习工具，属于可见的思维和学习策略的范畴。这些策略使学生能够“直观地”使用“图解法”构建他们的思维。

随着儿童在“学会学习周”接触到越来越多的技术，与他们讨论所有的技术都是他们的“思考和学习工具箱”的一部分，并且这些技术可以为工具箱做出贡献——这一点是有趣的。由于建筑工人能够从他们的工具箱中为每项工作选择合适的工具，我们的想法是，儿童也感到他们有一个工具箱，他们可以在任何时候从他们的工具箱中取出适当的思考和学习工具来完成他们的学习。

可见的思维和学习技巧帮助儿童：

1. 省去大量书写。

2. 建立他们本来不会建立的联系。

3. 在思考时不用担心有正确或错误的方式来代表他们的思维或表达他们的理解。

4. 培养证明自己想法的能力，提供意见并向他人解释自己的想法。

5. 自由地创造他们自己的个性化视觉设计和对正在学习的内容的解释。

6. 随着他们的思维获得发展并获得更多的知识和理解，他们可以随时补充自己的视觉表达，使他们不再认为他们的表达必须从一开始就涵盖一切。

思维导图

构建思维结构，在我们的思维中建立联系

教孩子们绘制思维导图有巨大的好处，并可以成为他们在学校和生活中结构化自己思维的最有用技能之一。通过思维导图，孩子们能够组织他们对各种主题、一篇文章、一组文字、一个要解决的问题、一项科学调查、一个世界事件或任何事情的思考。

创建思维导图的过程首先允许学生思考与主题相关的所有内容，但不必担心这些内容的顺序或相互关系。思维导图分支的层次性允许他们根据重要性对这些想法进行排序和分类，并将相关概念联系起来。这个过程总是可以帮助学生在思维中建立联系，而其他过程或许并不总能促成这种联系，比如记笔记或创建列表。

思维导图只需要用极少的文字，而且是基于图标的，因此它是所有儿童的理想工具。当在研究一个主题之前和之后使用时，思维导图也为教师提供了一个非常有用的评估工具。孩子们使用思维导图来描述加入一个新班级时的自己，或绘制他们与艺术家或数字相关的所有内容。孩子们还用它们来记笔记、规划故事、画人物素描和写科学调查报告。当他们产生新想法时可以制作和补充思维导图。思维导图在视觉上非常醒目，每个孩子都用他们的创造天赋来设计自己独特的思维导图，即使全班都在关注同一个主题。

学习如何绘制思维导图与他们的第1个家庭学习任务（第10章）有着战略性的联系。在这个任务中，他们被要求绘制一个自己的思维导图，同时教会他们的家庭成员如何绘制思维导图。这有时也会给他们的家庭带来一些意想不到的好处：

当我去年开始在大学攻读护理学位时，我一直在为书面作业挣扎。我

建议阅读

《儿童思维导图》(*Mind Maps for Kids*)是思维导图的创造者托尼·巴赞(Tony Buzan)在2003年出版的著作，其中包含了不同类型的思维导图的优秀案例，可以在学校环境和不同领域的课程中使用。向孩子们展示这本书中的思维导图是非常有用的，这样他们就能看到每张思维导图可以多么的有创意。

不知道如何计划我的论文。我10岁的儿子告诉我，我需要做的是绘制我的思维导图。突然间，原本漆黑难懂的零碎计划变成了有条不紊的计划，一篇清晰简洁的文章就此诞生了。他和我都为自己感到非常自豪。

一位5年级孩子的家长

留出一上午的时间来教授如何绘制思维导图是非常重要的。下面的说明是一个非常有用的指南，可以为学生在家里绘制自己的思维导图提供一个参考点。解释完原则和方法后，在全班范围内构建一个思维导图来说明这一过程的每一步是一个很好的主意。

一个非常好的开端是绘制学校的思维导图。开始时，为每个孩子提供一张空白的A3纸，他们可以在这张纸的左侧创建一个栏目。接着，他们在这一栏中按任意顺序写下他们想到的、与学校有关的所有东西。范围可以从铅笔和橡皮到课程、学校和教育的目的、建筑的不同部分、教师、他们喜欢的东西、他们的朋友、在学校里发生的事件、每个班级和学校的儿童人数、时间表，以及其他任何东西。所有的东西在页面左侧的栏目中形成长长的一列（见图6.12）。

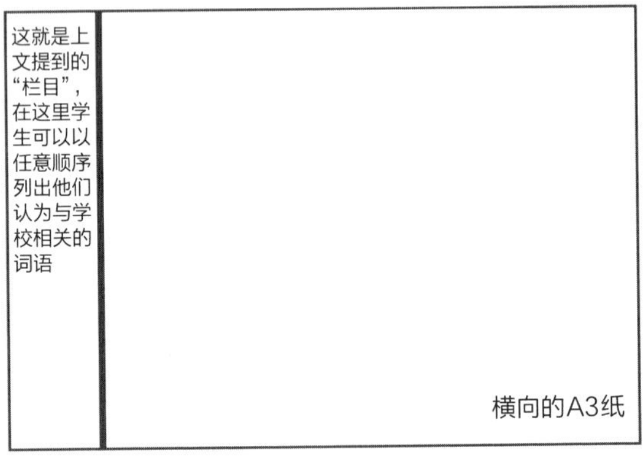

图6.12 编制清单以启动思维导图

当这个长长的清单包含了学生认为与该特定主题有关的所有内容，通过结构化的思考来设计所有内容，从而使所有信息都有意义，就体现出了在绘制思维导图的过程中使用的技术。最初的步骤是，在制作清单之后，每个学生都要创建一个图像，以代表思维导图的主题。例如，如果思维导图是关于学校的，那么每个学生都需要选择自己的方式来代表“学校”（见图6.13）。

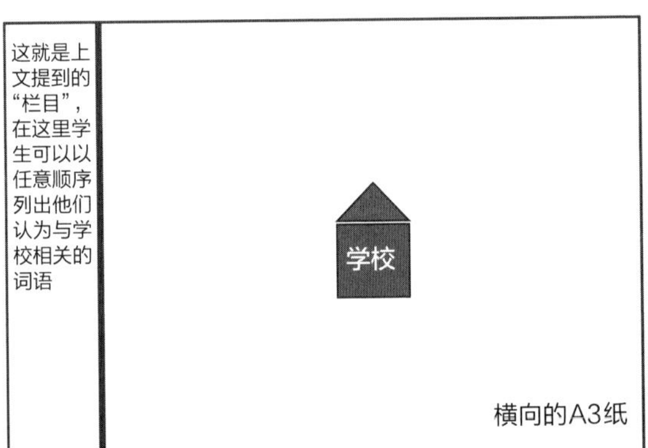

图6.13 添加一个中心图像来定义思维导图的主题

下一步是非常重要的，因为它是赋予思维导图教育价值的步骤。学生现在需要从他们在页面左侧创建的列表中确定5或6个关键主题。这些主题可能已经被列为词语，也可能需要通过观察词语列表并思考“这些词语都有的共同点”来设置。这些主题就是思维导图的主要分支，所有其他信息都能从这里“延伸”出来。这5或6个关键主题必须足够宽泛，以便所有其他词语都能被组织为这些主题的分支。在关于学校的思维导图的例子中，主要分支可能是：

1. 成人	3. 建筑物	5. 儿童
2. 课程	4. 旅程	6. 家庭

然后画出从中心图像延伸出来的分支，这就是思维导图的主要指导作用。在思维导图中，与其他类型的概念图不同，文字需要写在线条的起点，而不是在末端。这样一来，每条线都能不断“成长”。主要分支也应该比“延伸”出来的其他分支更粗，字迹更大。如果可能的话，每个主要分支及其延伸分支都应该有自己的颜色。

当主要分支被开发出来，这个过程就可以再重复一次。但这一次，学生会看着词语列表并思考，接下来有哪些最合适的组织型单词集可以帮助构建每个分支的思维？例如，与其将“成人”分支中的所有相关人员列出，不如进一步将其组织成以下分类：

1. 支持人员	3. 教学人员	5. 专家
2. 行政人员	4. 领导人员	6. 志愿者

从教学人员这条分支来看，可以将其划分为：

1. 早期基础阶段（0—5岁）

2. 5—7岁

3. 7—11岁

从早期基础阶段这条分支来看，可以将其划分为：

1. 幼儿园

2. 学前班

只有在这个阶段，才可以将具体的人名添加到思维导图中。这个例子说明，尽管学生可能在左侧列表中写下了老师的名字，但思维导图使学生能够经历一个非常有用的“思维结构化”过程，从而将每个教学人员放在整个学校的背景中。如果遵循类似的过程，例如，在“儿童”的分支上，有一条分支最终会指向A班。学生在不同的分支上可以得出有直接联系的信息，在这个例子中，A班的孩子是由A班的老师教的。

每当在思维导图的不同区域之间建立联系时，学生能够通过每个词语旁的图标将某些词语连接在一起，从而显示他们建立了联系。

在思维导图中，原始非结构化列表中的每个单词都被“组织”在内，其在思维导图中的位置类似于“计算机的面包屑路径[1]”，即从硬盘开始，然后到主硬盘，然后到文件夹，然后到文档，只有这样才能看到文档中的细节。思维导图的最大价值在于，学生不会受限于他们最初在左边列出和写下的单词。生成思维导图的实际过程无疑会带来新的想法和新的联系，这些都是在构建思维导图的过程中加入的。

[1] “面包屑路径”是应用于网站或者网络程序上的，帮助用户找到自身位置的二级导航。——编者注

当学生将页面左侧的所有词语纳入他们的思维导图中，最好将这一栏向后折叠，这样显示的就是实际的思维导图本身（见图6.14）。

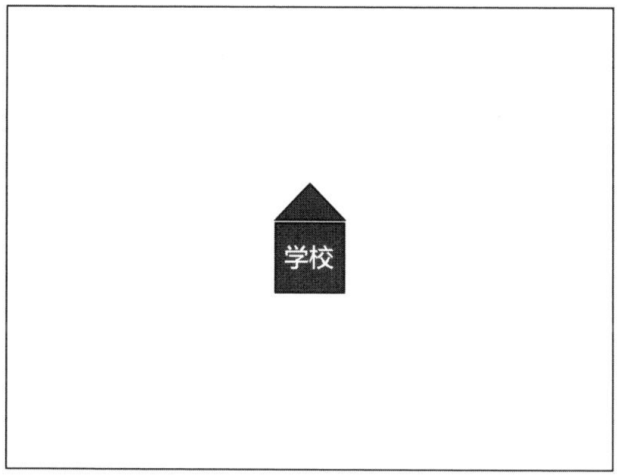

图6.14　将列表向后折叠，留下清晰的思维导图

思维导图也是记录工作进展的绝佳途径，因为它提供了随时添加新信息的机会。如果要求学生在课题开始时创建思维导图，并让他们在课题期间随时返回，添加新获得的知识，那么这种做法就特别有用。

思维导图分步指南

与全班一起完成一份“思维导图分步指南”，并给每个学生一份指南的副本贴在他们的家庭学习书内页上——这是非常有用的。这有助于他们完成第1个家庭学习任务，并使他们能够在家里指导成人完成思维导图：

- 选择适当的页面大小/方向
- 创建一个代表整体主题的中心形象

- 写下你所有的想法，没有特定的顺序
- 决定关键问题/想法（约7个）
- 用大写字母为每个关键问题/想法创建一个分支
- 始终在线条的起点和末端书写，以便线条能够不断延伸
- 让你的分支成长，并组织清单上的想法
- 让你的思维导图变得个性化、令人难忘
- 每个分支使用不同的颜色
- 用单词大小来反映其意义的重要性
- 使用图标、图表和图片来传达信息和建立联系
- 随时补充、完善它

思维导图也可以作为解决问题的工具来使用

思维导图的用途非常广泛，它们也可以作为思考特定问题或使学生总结某项工作的一种方式。在写科学调查报告时，它们的效果特别好。思维导图的分支非常有用：学生可以用不同的分支作为反思过程的一种方式，记录所采用的方法、使用的资源、获得的结果、得出的结论以及完成调查后出现的新问题。

故事线

分析文本和字符

怀特（White）与冈斯顿（Gunstone）在1992年提出的“故事线”是一种

非常有用的方法，可以鼓励学生积极地、有感情地参与书面和口头的文本表达。故事线允许学生在任何时候分析和解释一个人物的“命运”，并随着时间的推移跟踪这个人物的“命运”。学生对该人物的命运如何随着时间而改变的思考以线图的形式表示。每个人物都用不同颜色的线来描述，如下面的例子所示（见图6.15）：

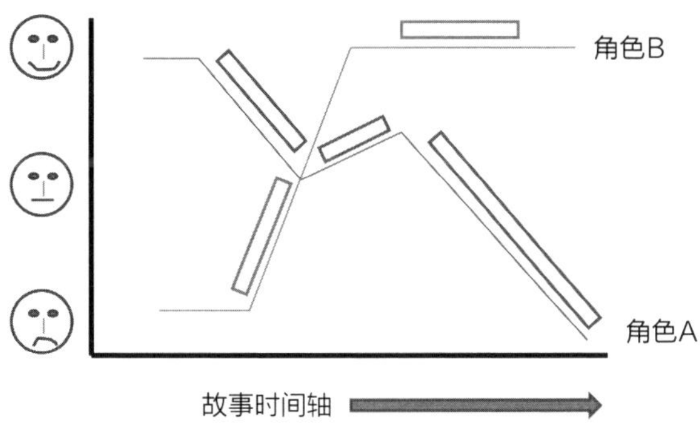

图6.15 故事中人物命运的图示

你可以看到线条上面有一些长条形的框，学生用它来注释导致角色命运变化的重大事件。因此，图中的线条表示角色走向更好的或更坏的“命运”。这些方框可以包含一些句子——可以用笔记下来，也可以用图标来表示。它们被用作学生的辅助记忆，而不是被标记或评判的东西。

故事线是优秀的解释和规划工具

故事线是非常通用的。例如，学生可以为他们在课堂上一直关注的一本书中的人物构建一个故事线图。这可以体现他们对情节的发展和其对每个人物命运带来的影响的理解。这使学生能够直观地总结大量的文字，使用图形来解释和证明他们的理解，并预测接下来可能会发生的事情。

故事线使所有儿童在学习过程中都能积极参与

没有什么是比向全班同学分享一篇文章，并鼓励他们在阅读和分享的过程中构建一组故事线来说明文中每个人物所发生的故事更美妙的了。通过这种方式，学生们在现场构建图表，聆听每一个细节，并将他们的理解以线性表示，从而说明人物命运的变化。

这种对文本和人物的“情感”参与使学生对正在发生的事情产生了极大的好奇心，对事情发生的原因和接下来可能发生的事情感到好奇。故事线也提供了一个有趣的方法，可以取代更传统的做笔记的方法，例如列出要点。

建议阅读

在这个阶段，我们鼓励读者去探索另一组迷人的工作，它是萨塞克斯大学主动学习网络的一部分。该小组由温蒂·加纳姆（Wendy Garnham）博士、塔布·贝茨（Tab Betts）和保罗·奥普兰迪（Paolo Oprandi）博士建立，他们为对主动学习过程感兴趣的教育从业者创建了一个全球焦点。他们将其定义为学习者参与一系列需要他们产生可观察到的学习证据的活动。

故事线促进口语和倾听技能训练

在某个例子中，一个5岁的学前班儿童在听完灰姑娘的故事后，使用故事线来表达自己的理解。她将整个故事用一张图表示，而老师能够对她在图中标注的想法进行评注。

故事线可以与“为写而说”的方法相结合

在另一个例子中，一个2年级的孩子在老师向全班分享故事时“当场”画出了故事线。在这种情况下，他通过“为写而说”（Talk for Writing）的过程与全班同学一起预习了这个故事，从而用书中的图片按时间顺序构建了这个故事。整个过程使孩子在每张图片下面标注他的想法，从而对这个故事产生更深刻的理解。

概念线

思想和原则的连续性

概念线是由两端含有“相反属性”的直线定义的。通过这种方式，概念线能够创建一个“思想的连续体”，从一边延伸到另一边，从一个概念延伸到与其相反的特征。我们的想法是，学生能够通过在这个连续体上做标记来表明他们的想法。不用担心有正确或错误的答案，我们鼓励学生通过解释为什么他们选择将想法放在概念线上的某个特定点来证明其推理。

概念线可以在一系列领域中使用。一个常见的用法是分析故事中人物的特征。学生或全班首先决定该人物的某些属性，例如，其中一个属性可能是“善良”，然后他们必须思考与这个属性相反的属性可能是什么。在这种情况下，可以说它是“自私”。学生在概念线的两端画上这两个相反的属性，然后把这个人物放在他们认为最合适的位置上。概念线的多功能性允许在同一条线上画出多个人物。这是一个非常有用的方法，可以直观地比较不同人物的某些特征的相对性。讨论一下也是非常有用的，对于概念线来说，一般认为不可能处于线的实际两端。这是一个相当具有哲学性的概念。每个人都能成为最具备或最不具备某种特征或属性的人吗？这一规则的例外情况是当概念线被用于数学时，例如，它的范围是0—1。这在学习概率时可能非常有用，其范围是0—1（0表示不可能发生的事情，1表示肯定会发生的事情）。

当学生形成了自己的想法，让全班参与批判性思维的讨论场景是非常有趣的。用跳绳或类似的东西在全班前面重现“概念线”可能是一个好主意。学生们站在两端牵着线，他们可以用一块白板来表示他们所代表的内容。鼓励另一个学生走到全班前面，沿着线站在代表自己思维的地方。老师可以邀请全班同学看看他们是否同意。在这个阶段，其他同学可以建议该同学向左或向右移动。在这个阶段没有必要达成共识，但它为其他学生提供了一个欣赏他人观点、意见和想法的好方法。在此基础上，他们也许可以重新考虑自己原来的想法。在课堂上创造一种文化，即让学生们愿意因他人的分享而改变自己的想法——这是一种巨大的力量，也是一种值得终身拥有的伟大技能。

概念线与故事线结合使用

概念线可以与故事线相结合。当把整个故事以故事线的形式来研究时，把故事线图像分成几个部分是非常有用的。例如，我们可以用垂直虚线将故事线图像划分为“导言”“铺垫”“冲突”“高潮”和“问题解决”。在这些区域的下方放置概念线可以再现随着故事的发展，人物的某一特征发生了哪些变化。

概念线与思维导图结合使用

作为“学会学习周”的一部分，“不知道的快乐”问题提出学习方法和有关学习与思考的策略激发了儿童的动机和创造性思考的能力。一个学前班的孩子证明了这是如何奇妙地发生的。她所在的班级正在学习健康的生活方式，并使用思维导图来展现他们对不同类型的水果及其特性的思考。

这个孩子不假思索地选择了扩展她的思维，将所学的知识与她的个人生活联系起来，这是非常出人意料的。她创建了一条概念线来表示她对思维导图上每种水果的喜爱程度（见图6.16）。虽然在孩子这么小的时候就开始介绍和教授这些概念，但产生的影响真的很令我们惊讶：如果孩子们把这些策略作为他们思维技巧和工具箱的一部分，他们就会内在地、独立地把它们纳入学习中，以进一步理解、挑战自己，并与他们的生活和外部世界建立联系。

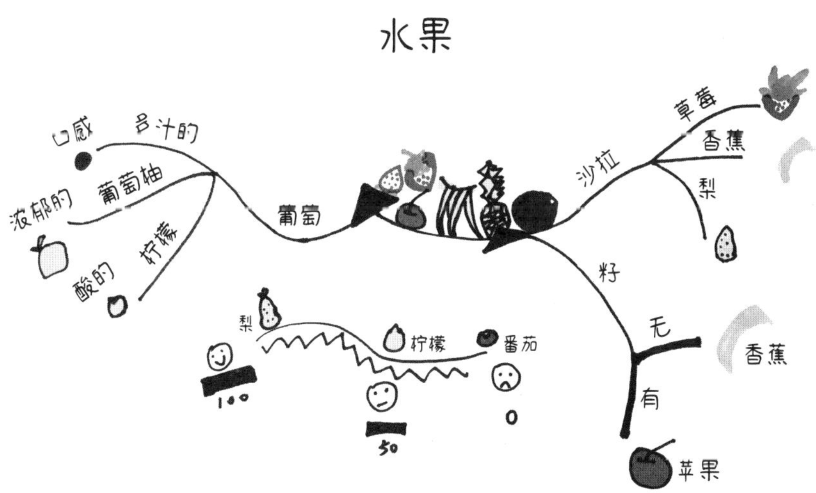

图6.16 结合使用概念线和思维导图

概念漫画

澄清误解，证明观点，考虑替代方案

概念漫画可以为学生提供思考一个概念的机会，它通常以一系列漫画的形式直观地呈现。由于概念漫画让学生通过漫画中不同人物的一系列陈述来思考一个主题或概念，它使学生能够发展他们的批判性、创造性和哲学思维。然而，在所有陈述中，只有一个是正确的。将概念漫画作为全班讨论的一部分，依次讨论每一个陈述，试图得出每一个陈述正确与否，并挑战学生支持或否定每一个陈述的理由，这是非常吸引人的。

除了是一个很好的讨论来源外，概念漫画也是一个很好的评估资源。如果在课题开始时给学生一张概念漫画，并要求他们用当时关于该课题的知识和对其的理解来独立评论每一个陈述，那么在课题结束时可以给他们同样的漫画来进行点评。这样一来，教师就能比较每个学生在课题教学前后所表现出来的推理、词汇和理解情况。

交通灯

每个人都参与到学习和贡献中来

在课堂上相互交流是学习的主要组成部分，在“不知道的快乐”问题提出学习方法中占有重要地位。向孩子们介绍“灯光”的概念，鼓励孩子们享受学习和独立思考的过程，同时整个班级一起做出贡献，并感受到直

接参与——在这一点上，举手提问的方法并不总是能够做到。

作为“学会学习周”第3天的一部分，每个学生都会得到一套交通灯卡——一张红色、一张黄色和一张绿色——他们用这些交通灯卡来回答教师提出的问题。红色、黄色和绿色可以被用来代表任何东西，从感觉到意见到具体场景。例如，可以说红色是固体，黄色是液体，绿色是气体；问题可以是：什么是蒸汽？电是其中的一种吗？以此类推。

讨论要点

在上课过程中，学生也可以利用交通灯与班上的同学进行交流——在书上放一张红卡，提醒老师他们在学习中遇到的问题；如果他们觉得同桌的同学能够提供帮助，就放黄卡；如果他们已经准备好接受强化任务，就放绿卡。

第4天：哲学日

什么是哲学？

对智慧的热爱和追求

“学会学习周”的第4天为教育者提供了一个极好的机会，向孩子们介绍哲学的概念，以及在学校用哲学的方法学习如何使教室成为一个学习的、批判性思维的、好奇的和探究的包容性社区。

通过分析“哲学”这个词本身的词源来启动这一天是非常有趣的。“哲学”（Philosophy）源于希腊语中的“philo”和“sophos”，分别指爱和智慧。哲学所灌输的这种对智慧的爱，使它成为享受思考和学习过程的各个方面的一个美妙工具。孩子们觉得很愉快，因为在哲学中，不可能有错，也不可能有对！每一个观点、思想、问题和想法都是如此，它们都得到了同等的重视和尊重。

哲学训练每个人都能够相互倾听、欣赏和重视对方的观点，讨论和追求不同的思路，学会从不同的角度看问题，将学习与外部世界联系起来。非常重要的是，从别人那里获得的见解可以使我们质疑我们的假设，甚至改变我们的想法。

什么是哲学问题？

没有答案的问题、有一个以上答案的问题或无法回答的问题

与孩子们分享哲学是关于概念的讨论和对没有答案的问题、有一个以上答案的问题或无法回答的问题的思考，这是非常有趣的。学生们发现思考这3种情况相当有意思，因为他们之前通常认为问题都是有答案的。

在课堂上提出哲学问题的例子如下：

1. 全班同学能想到没有答案的问题吗？

■ 空间有尽头吗？

■ 时间会不会停止？

2. 全班同学能想到有很多答案的问题吗？

■ 什么是幸福？

■ 有什么“错事”在不同的情境中，或从不同的视角分析，可以被证明它其实是对的？

3. 全班同学能想到那些不可能准确回答的问题吗？无法得出准确答案

的问题被称为费米问题——以物理学家恩利克·费米（Enrico Fermi）命名。

- 世界上的总人口数是多少？
- 多少人手拉手才能绕世界一圈？

这个哲学引导也提供了一个很好的机会来讨论是什么构成了问题。我们能定义什么是问题吗？有哪些类型的问题？我们为什么要提出问题？为什么年幼的孩子会问这么多问题？问题通常以什么类型的词开头？怎样提问可以获得更有趣的回答？我们所说的好奇心是什么意思？对我们周围的世界感到好奇，并试图弄清楚它是如何运作的，这是我们提问的原因吗？在哪些行业中，人们问的问题最多？对我们目前不知道但希望了解的事物提出问题是整个科学研究和社会进步的基础吗？非常有趣的是，巴雷尔（Barrell）的《培养更多的好奇心》（*Developing More Curious Minds*）一书将学校作为“可以探究文化的地方，让我们所有的孩子学会构思和珍惜问题，学会将好奇心转化为探究行动”。哲学和课程的哲学方法促使我们基于好奇心提出问题，使其成为教学过程的核心组成部分。

课堂是一个探究的共同体

每个人都做出贡献，丰富了整体的经验

每个人都认为教室学校是一个探索的社区，每个人都可以身在其中自由地提出问题和想法，并不惧思考。这样的课堂形成了一个非常尊重、包容和快乐的思考和学习环境。

在这个阶段，最好利用学生在前面的练习中提出的一个或多个哲学问题，进行第1次全班性哲学讨论，强调并实践需要建立的主要原则，作为课堂上哲学讨论和生活方式的一部分：

讨论要点

有哪些特征、价值和行为可以让教室、学校成为让大家喜爱的“探索社区”？

- 倾听彼此的声音
- 保证每次小组中只有一个人在说话
- 开始一个新的思考分支
- 在别人所说的基础上进行扩展、补充
- 成人（教师、家长）只是引导者
- 学生来选择下一个发言者
- 鼓励公平参与
- 组织结束语，让每个人都有机会在讨论结束时总结自己的想法

在第4天的尾声向学生解释，这些类型的讨论将构成课程中所有学习及主题的基础，从而让学生对未来一年的学习生活充满期待，并感受到自己的学习旅程将在一个具有支持性和包容性的环境中进行。

第5天：终身学习日

终身学习计划

终身学习者和思考者

现在我们已经来到了“学会学习周”的第5天，也是最后一天。它提

供了一个很好的机会，向学生们介绍“有效的终身学习”的概念，以及与一个成功的终身学习者相关的态度和特征。

终身学习能力是学校学习文化的一部分，在第3章中有所描述。第9章专门讨论了终身学习态度在教学过程中各个领域的理论和实践应用以及课堂常规。“学会学习周”的第5天旨在使教师能够：

1.（与学生）讨论“学习是我们一生都需要的技能”这一概念。

2. 使全班就成为一个高效的和成功的终身学习者需要什么达成共识。

3. 讨论与终身学习相关的术语：创造性思维、批判的好奇心、意义创造、策略意识、合作、复原力、改变与学习。

4. 将这一共识与学校的愿景、精神和价值观以及学习文化联系在一起。

5.（向学生解释）终身学习能力使每个人都具备作为学习者在课程的所有领域取得成功所需的一切条件。

6. 激励所有学生创造他们自己的“终身学习者的秘诀”。

7. 反思所有已介绍的内容的价值，以帮助学生在“学会学习周”的5天时间内学会如何学习。

终身学习者的秘诀

将特征作为配方

没有什么是比把“学会学习周”的第5天用来与学生讨论终身学习的概念，与他们一起探讨教育和学校如何使他们拥有在外面的世界中茁壮成长所需的一切，并让每个学生利用他们的想象力来创造他们自己的终身学习者的秘诀更美妙的了。

与所有的秘诀一样，学生们开始思考他们制作该秘诀所需要的配方。

他们创造性地思考在他们的秘诀中每种配方需要多少，并解释最终成果是什么样子的，以及应该如何最好地“实现”它。第8章描述了如何将这项任务设定为“思维技能启蒙”的挑战，第9章提供了一个说明性的例子，说明如何将这项练习作为一个整体来进行，作为制定学校计划的第1步。

这个练习给了每个学生完全的自由，让他们按照自己的意愿来设计自己的终身学习者的秘诀，但这个练习给全班带来的最大好处在于促使每个学生都提供了一个配方清单。这些配方将自动包含所有的属性、特征、性格、特质和行为，这些都是我们作为实践者需要培养和灌输给学生的。当所有关于配方的想法被汇集在一起时，寻找共同的主题，并在学校已有的、帮助儿童成功学习的背景下考虑这些是很有趣的。

这些配方就像个性化的学习模式一样，为学生们带来了他们引以自豪的精彩展示，并将“学会学习周”的原则作为学习过程中不可或缺的组成部分带入生活。

对“学会学习周”的反思

学生感到自己有能力作为独立个体、学习者和思考者取得成功，并成为课堂和学校探究社区中有价值的成员

通过向学生提出一些有关自我反省的问题来结束“学会学习周”是非常有趣的：

1. 你认为“学会学习周”的价值是什么？
2. 你认为“学会学习周”将如何帮助你思考和学习？

3. 你希望在“学会学习周”中加入哪些内容？

建议阅读

“学会学习周”的结束启动了本学年未来的计划，为大家提供了一个很好的机会思考“学会学习周”的所有举措，并探讨尤尔特学院的工作——该组织由亚历山德拉·皮尔森（Alexandra Pearson）创立。他与布丽奇特·鲁思（Bridget Rooth）探讨和推广好奇心、创造力和连通性等人类智能，他们认为这些是学习和成长的基础，也是个人和组织发展的支柱，可以提高组织复原力和参与度，帮助建立一个敏捷、协作、创新和抗压的团队。在对尤尔特学院的一次采访中，我将好奇心描述为对确定性的瓦解剂。大家对这句话的解释是什么？如何将对好奇心、确定性和不确定性的思考融入日常教学过程？

反思的过程使学生有可能内化“学会学习周”带给他们的积极影响，并使他们有能力帮助自己了解和处理未来一年的问题。这种反思也提供了一个完美的机会，把对话引回本周初提出的、关于教育和学校的更具哲学性的目标。以共同构建一个关于教育目标的一致定义的方式来结束“学会学习周”可能会很有趣：

1. 为学生一生的成功做好准备。

2. 使学生具备未来需要的多种技能，使他们能够在学校和社会，以及在未来遇到的所有事情中有所收获。

设计定制的“学会学习周”模板

下面提供的模板（见图6.17）可以作为每个教师填充自己版本的“学会学习周”的选择工具，其中每个主题都可以作为“管状图”中每一天的一部分。

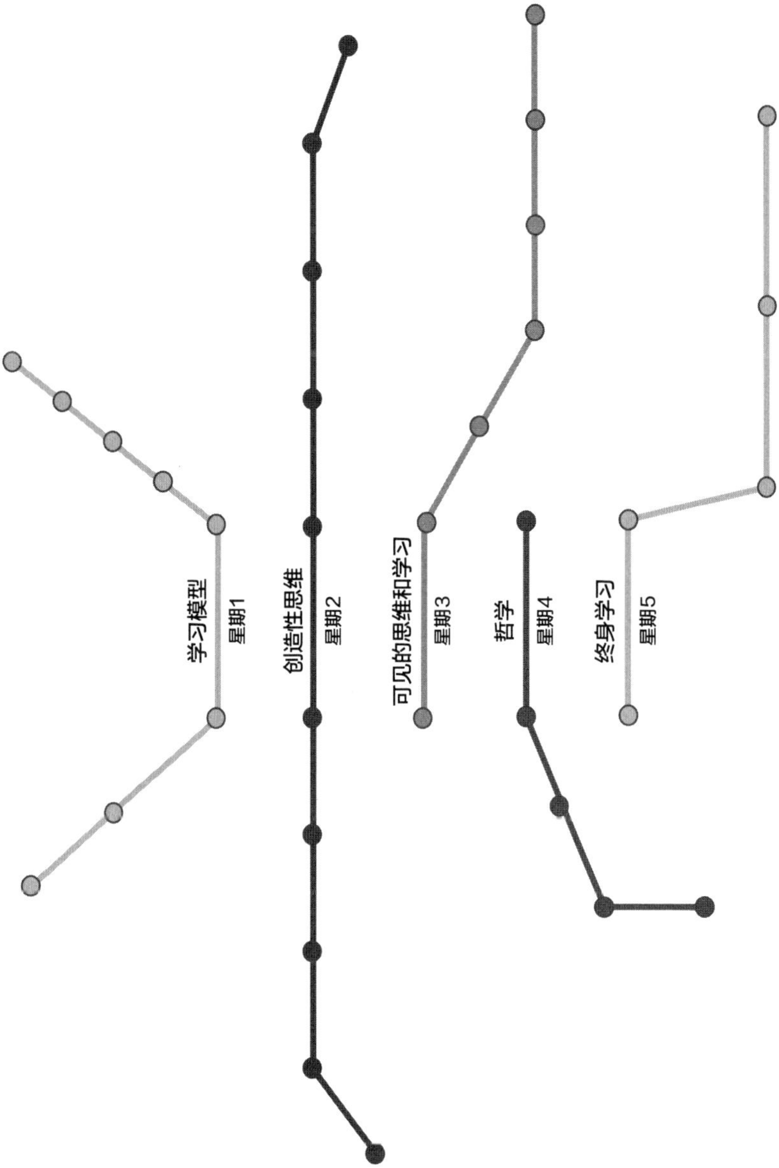

图 6.17 学校创建一个定制的“学会学习周”模板

7

思维技能启蒙

7 思维技能启蒙

“思维技能启蒙”像闹钟一样把我唤醒，

开启神奇的一天。

一名10岁的儿童

本章向读者介绍了“思维技能启蒙”的概念，这是一个开放式的挑战，在第6章中，我们向读者介绍了以愉快的、激励性的和令人兴奋的创造性思维挑战来欢迎孩子们的概念，这是学习周的第2天，这一天的重点是可以培养儿童的创造性、分析性、哲学性和批判性思维能力的策略。

孩子们经常说，“思维技能启蒙”不仅是他们一天的愉快开始，也是为他们未来的一天做好准备的重要组成部分。“思维技能启蒙”还使教师能够在一天的学习正式开始前，让每个孩子作为学习者和创造性思维者体验到成功的感觉。

在孩子们尝试“思维技能启蒙”的过程中播放古典音乐是一个好主意，如果可能的话，使用主要教学语言以外的语言。在一个充满丰富音乐和多元语言的学习环境中进行创造性的思考，是开始每一天的美妙方式。

“思维技能启蒙”的方法提供了：

1. 为所有孩子带来享受并使他们感受到成功的开放式挑战。

2. 在课程和生活的所有领域促进创造性思维的机会。

3. 专属于孩子们的思维技巧书，这对他们来说是非常特别的，因为他们知道老师不会以任何方式标记或评价这些书，所以他们能够自由地思考，没有顾虑。

4. 在自己的空闲时间继续接触、探索这些概念的机会。

5. 使任何成人和儿童进行创新并提出建议的机会，这些建议可以成为全班的“思维技能启蒙”——任何问题、任何事件都可以成为“思维技能启蒙”。

“思维技能启蒙”可以作为独立的活动，作为庆祝国家或国际事件的方式，或者作为预习和预先思考课程的特定领域的方式。准备完毕后，接下来的几分钟将专门用于分享“思维技能启蒙”所激发的思考和想法。这些时刻总是充满了最神奇的例子，表明当所有正确的条件结合在一起时，孩子们有能力进行如此富有想象力、创造性和创新性的思考。

“思维技能启蒙”计划｜将理论付诸实践

《开始思考》一书包含了大量的挑战，这些挑战被归纳为不同的主题章节：数学、语言学、科学、创造性、哲学和兴趣。每个挑战都有一个（或多个）来自小学年龄段儿童的工作实例来说明。每个挑战都有一个指南，向教师展示“思维技能启蒙”如何与课程的不同方面相关联。

做让你开心、专注的事情

做让孩子们开心、专注的事情是欢迎他们加入新班级和新学年的一种绝佳方式。这个“思维技能启蒙”让孩子们有机会与班上其他同学以及将与他们一起度过这一年的成年人分享他们生活中的特殊时刻。让孩子们感觉到每个人都知道、欣赏和重视让他们快乐的事情，这是他们在这一年的感受中非常重要的一部分。这个“思维技能启蒙”也是为每个孩子创造包容感和幸福感的绝佳方式，并将快乐置于课堂学习文化的核心。

一切皆有可能

这些形状分别代表什么？

图7.1所示的“思维技能启蒙”代表了一种促进创造性思维的奇妙方式，并为孩子们提供了这样的想法：他们在学校以外的生活总是可以被凸显出来，并在学校得到重视。在下面的例子中（见图7.2），一个对空间很着迷的孩子把圆圈与太阳和行星联系起来，一个喜欢数学的孩子立即把线看作“对称线”，一个很有艺术细胞的孩子立即把4个点与“从上往下看人的头顶”联系起来。

用数学来提升创造性思维

以数学为基础的“思维技能启蒙”可以做很多事情。它们是一种神奇的方式，可以让孩子们喜欢玩转数学概念，通过数学发展战略思维，将数字与他们的日常生活联系起来，巩固课程中的概念，并享受玩转数字的乐趣——有时玩的方式根本不涉及数学！下文有一些非常有吸引力的游戏，可以介绍给孩子们。

如果6是答案，那么问题可能是什么？

这个“思维技能启蒙”邀请儿童进行创造性思考，并在以数字作为一个数学概念和我们如何使用数字之间建立大量的联系，而不需要将其与具体的数学运算联系起来。有个孩子不仅建立了许多数学联系，还利用他个人生活的其他方面与数字6建立了联系（见图7.3）。他意识到自己的名字中有6个字母，这真是太不可思议了！

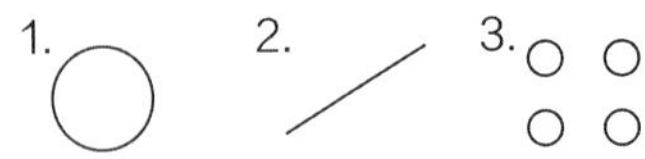

图7.1 这些形状可能是什么？

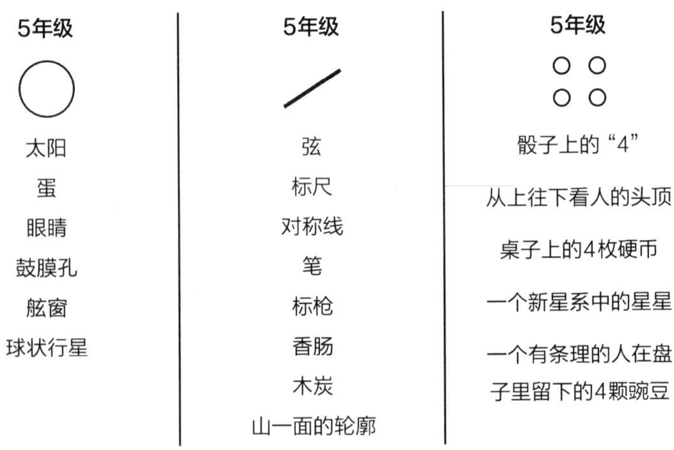

图7.2 这些形状可能是什么？

答案是6。

3+3　4+2　5+1　6+0　2+4　1+5　0+6

什么是12的一半？

什么是24小时的4分之一？

一年半前，我姐姐多大了？

一个6边形有多少条边？

我的名字里有多少个字母？

明年我将是几岁？

图7.3 答案为6的问题

神奇的三角形——你能使每条边的总和相等吗?

这项任务包括使用下面圆圈中的数字(1, 2, 3, 4, 5, 6),使三角形的每条边加起来都是9(见图7.4)。这很有娱乐性,是向儿童介绍战略性思维的一个极好的任务。

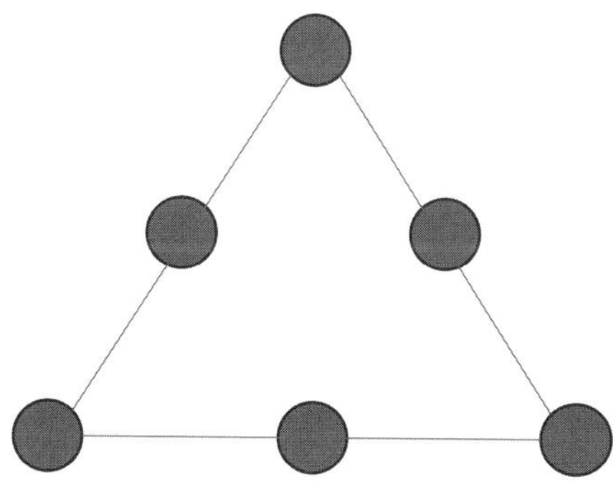

图7.4 神奇的三角形

当孩子们完成了每条边相加为9的三角形,他们会被要求用同样的数字来使每一条边相加为12(见图7.5)。由于三角形每个顶点上的数字在这个练习中被使用了两次(相比之下,沿线的数字只被使用了一次),孩子们能想到每一条边相加为12的三角形会是什么样子吗?这一次,他们能不能从战略上解决问题,而不是通过试验和错误?

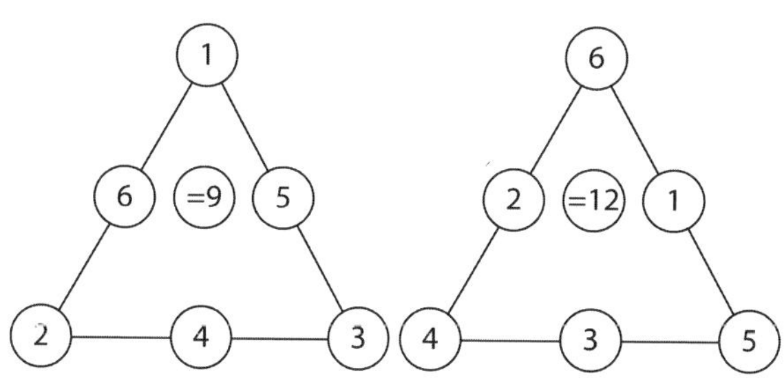

图7.5 每条边相加为9和每条边相加为12的神奇三角形

以语言来提升创造性思维

以语言为基础的“思维技能启蒙”具有很强的通用性，能够支持各种学科领域的学习。

词语联想

第一个词语往往能出人意料地引起孩子的共鸣，从而改变他们对学习和对自己作为学习者的感觉。这一点在以下包含词语联想挑战的案例研究中得到了很好的说明。在这个挑战中，孩子们写下在他们的脑海中出现的第1个词语，并将其与之前的词语联系起来。因此，举例如下：

帽子	穿着	那么下一行可以是……
穿着	衣服	然后……
衣服	夏天	以此类推……

案例研究

“思维技能启蒙”及其对儿童的自尊心、幸福感和未来发展机会的影响

在接触“思维技能启蒙”之前，D不是一个非常喜欢写作的孩子，他觉得写作非常困难。在他接触“思维技能启蒙”后，他写了一页又一页，在学校和家里一页又一页地阅读。他的转变令人诧异。当他人开始将他视为文学领域的小专家的时候，他在对学习和学校生活的热爱中逐渐找到了自信。

A—Z列表

创建A—Z列表可以适应许多不同的情况，孩子们非常喜欢这样一件事，即他们不一定要在分配的时间内找到每个字母的答案，因为当互相分享时，字母集将来自班上每个人的不同贡献。这些往往是在一个主题开始时或当世界上有一个有趣的事件发生时被设置的。例如，当奥运会举行时，做一个奥林匹克运动的A—Z是个好主意。

在下面的例子中（见图7.6），1年级的学生创建了一个“学校”的A—Z。非常有趣的是，“P”与“哲学”（philosophy）有关。

1年级：学校

A：Assembly（组装）
B：Books（书籍）
C：Concentrating（浓缩），capacity（容量）
D：Drawing（绘图）
E：End of the year（年底），experiment（实验）
F：Fun（乐趣），football（足球）
G：Garden shop（园艺品用店）
H：Home corner（家庭角）
I：ICT（信息通信技术）
J：Jumping（跳跃）
K：Kicking a football（踢足球）
L：Literacy（读写能力）
M：Music（音乐）
N：Numeracy（计算能力）
O：One hundred blocks（一百个街区）
P：Philosophy（哲学）、PE（体育）
Q：Quiet（安静）
R：Reading（阅读）
S：Sweets（糖果）、Science（科学）
T：Terrific work（精彩的工作）
U：Umbrella mending（修补伞）
V：Victorians（维多利亚人）
W：Work（工作）
X：Xavier（泽维尔）
Y：Yummy food（美味佳肴）
Z：Zach（扎克）

图7.6 学校的A—Z图

用哲学来提升创造性思维

哲学的“思维技能启蒙”逐渐培养了孩子对创造性思维的独特热爱，

并提升了他们从不同角度、视角和观点考虑问题的能力。他们也有能力将学校与外部世界、时事、全球事件和庆祝活动联系起来。他们认为为什么会发生某些事情（例如战争）？如果他们能够参与制定政策（如果他们是总理），他们会怎么做？他们将如何改善人民的生活（在不同的时代，在英国，以及在不同的国家）？在各种情况下（例如，童年与成年）的优势和劣势是什么？如果他们找到一些钱或赢得彩票，他们会怎么做？这些“思维技能启蒙”也可以用来发展提问的艺术。例如，他们能想到没有答案或不止一个答案的问题吗？

下面的两个例子展示了“思维技能启蒙”如何促进儿童对创造性和哲学性思维的热爱：

你能创造一个完美世界的食谱吗？

我们所处世界的优先事项是不断变化的，让孩子们有机会思考各种成分，以及他们认为产生一个“完美世界”所必需的每种成分的数量，是非常棒的一件事。有趣的是，它还促进了大量的数学思维（重量、数量和百分比）（见图7.7）。

4年级

建立一个完美世界的秘诀

300克的爱

600克的和平

一把阳光

100克的友谊

再来200克的阳光

100%没有战争

100%没有谋杀

图7.7 建立一个完美世界的秘诀

你会问一把勺子什么问题?

从这个“思维技能启蒙”中产生的思维创造力往往是非同寻常的，并会带来一个非常幽默的分享会。这个“思维技能启蒙”可以被改编为对任何其他事物的提问。提出好问题是一项非常有价值的技能，所有年龄段的儿童都需要培养和练习（见图7.8）。

4年级

当我们搅动你的时候，你会感到头晕吗?

你说不同的语言吗? 你的名字是什么?

当你被塑形时，会不会感到疼?

你来自一棵怎样的树?

当人们把你浸泡在热汤中时，你会不会很疼?

图7.8 向一把木勺提问

用科学来提升创造性思维

以科学为基础的开场白在强调和突出科学和科学家在我们生活中的重要性方面发挥了作用。作为这些开场白的前奏，问孩子们是否能想到世界上有什么东西在某种程度上与科学没有联系，是非常有趣的!

什么是最有价值的科学发现?

这种“思维技能启蒙”使儿童能够欣赏科学在社会中发挥的作用，并有可能对男性和女性科学家当前和过去的科学贡献给予同等重视。这种“思维技能启蒙”在激励儿童研究科学发现和渴望以类似的创新方式为我们的世界做出贡献方面也非常有效。

血液和番茄酱之间有什么异同？

“相似性与差异性”的比较分析是一种十分有效的思维训练方法，可以在任何时候应用于所有科目，它可以让孩子们对日常场景进行科学思考，并为讨论广泛的科学原理提供了一个很好的平台。例如，人体的生理学，或者固体、液体和气体的特性（见图7.9）。

5年级

相似性	差异性
两者都是红色的	血液更稀，颜色更深
两者都含有糖分，都被人们使用	血液在体内制造，番茄酱在工厂制造
两者都是人造的（但方式不同）	血液不可食用
两者都可以在你的身体里	番茄酱是由番茄制成的，血液不是
	你需要血液维持生存，但不需要番茄酱
	你的身体里不会流出番茄酱

图7.9　血液和番茄酱的相似性与差异性

用想象力来提升创造性思维

这些“思维技能启蒙”能够挖掘儿童的想象力，并以充满乐趣的方式提升他们的创造性思维，使他们的兴趣凸显出来。例如，发明新口味的冰激凌、为现有产品进行新设计、使用已有歌曲的曲调重新撰写歌词等。

你能否自己发明一些词语，并解释它们的含义？

这个例子让孩子们利用他们所有的创造性思维、对世界的感知和幽默感来发明自己的词语。在解释每个词的含义时，幽默感被展现得淋漓尽致（见图7.10）。

新词	定义
Ovaralities	明显的相似性
Crockle	一个老太太的声音
Doft	软土
Buggle	与虫子打交道

新词	定义
Aquse	水下房屋
Femit player	女板球运动员
Bodzine	关于人体的杂志
Kidologist	研究儿童的人

图7.10 发明词语

你的新星球上的国家的旗帜会是什么样子?

这个“思维技能启蒙”结合了创造性思维和艺术天赋。它还可以围绕国家、边界、领土、历史上的征服、入侵和战争的概念引发非常有趣的哲学讨论。我们能不能生活在一个不那么分裂的世界里(见图7.11)?

你能想到多少个带轮子的东西?

基于列表的“思维技能启蒙”是培养创造性和创新性思维的好方法(见图7.12)。

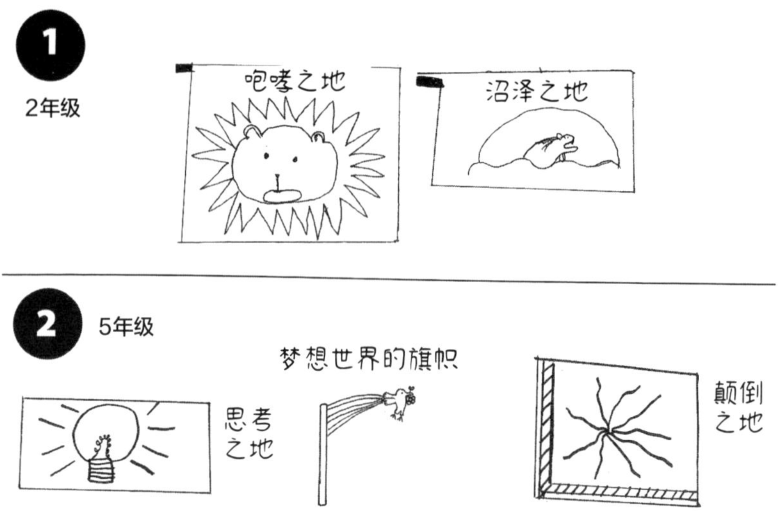

图7.11　发明旗帜

1年级		6年级		
独轮车	过山车	拖拉机	手推车	滚筒
汽车	溜冰鞋	轮滑车	露营车	滑板
自行车	三轮车	医院的床位	三轮车	独轮脚踏车
		联合收割机	便携自行车	相机
		漩涡式链条	轮椅	摩天轮
		乐高乐园的汽车	摩托车	伦敦眼

图7.12　带轮子的东西

“操场上的思考”倡议

在操场上共同思考的倡议是为了将“思维技能启蒙”所带来的灵感和益处从教室扩展到操场、室外等任何场合，以及每个家庭中。这个方法包括在学校操场的一个合适的角落设置一块大黑板，黑板上有每天的“思维技能启蒙”。在操场上共同思考的倡议包含多种可能性。它促进了家庭内部以及家庭之间的思考，形成一个共同思考和交流的社交社区。例如，我永远不会忘记智利矿工在被困数日后从地下矿井中被全部救出的那个早晨，当时全世界都在关注这件事。那天早上，黑板上写着：“致智利矿工。”孩子们及他们的家人在黑板上留下的话语和图画非常感人，我们把它们整理出来，寄给了矿工们。还有一次，为了纪念世界语言日，黑板上的“思维技能启蒙”邀请学生及其家庭成员用他们的母语或任何熟悉的语言写下不同的单词或短语。这一挑战再次为家庭提供了一个非常有意义的时刻，并使学校能够以一种有趣和愉快的方式庆祝其丰富的国际文化。学校作为多语言和多文化学习社区的概念是支撑“不知道的快乐”问题提出学习文化的核心精神，也是本书最后一章的核心。

从家庭本身的角度来看，注意到在黑板上记录下的变革性影响也是非常有趣的：

◆ 黑板设置者FS的妻子JS说：“我认为这是一个好主意。很多孩子在黑板上表达了自己平时不会对他人讲述的内容，我对它们印象深刻。”

◆ 5岁孩子R的母亲SF是一个热情的支持者。“这真的很好，孩子们冲过去看上面写了什么。最好的一次是在国际周期间，当时孩子们被鼓励尽可能多地想一些国家，以及他们生活在世界各地的朋友。”

◆ AC是一位4岁和5岁孩子的母亲，她说：“我认为这是一个绝妙的主意。当孩子们来到学校时，他们总是对那里的东西感兴趣，而且有些内容对小孩子来说是较为深刻的，它们也让我思考。”

◆ 6岁孩子B的母亲LE说：“一次，黑板上写的问题是‘什么是最大的数字’，有学生写下‘无穷大’，这很好。它打开了孩子们的未知世界。”7岁孩子EK写下了“无穷大”的数学符号。她的妈妈PI很喜欢留在黑板上的思考问题。“无穷大这个问题是我们以前讨论过的，在你早上可能很匆忙的时候，能有一个问题让孩子思考真的很好。它使你有一个平和的心态。”

黑板为家庭提供了机会，使他们能在上学前享受一个非常特殊的时刻，他们能够一起学习和思考，不受干扰，同时建立一个由儿童、学校和家庭构成的三角伙伴学习关系，正如下面的照片展现的那样（见图7.13）。

图7.13 操场上的思考黑板

孩子们对“思维技能启蒙”的评价

本章最后收集了儿童自己的观点，他们的话语清晰而深刻地表达了“思维技能启蒙”对思考和学习过程的积极影响：

案例研究

孩子们对“思维技能启蒙”的评价

- “思维技能启蒙”很有趣，让我感觉很开心，并帮助我为一天的学习做好准备。
- “思维技能启蒙”让我有信心学习和创造新的知识。
- “思维技能启蒙”像闹钟一样把我唤醒，开启神奇的一天。
- “思维技能启蒙”对我的学习有很大帮助。我喜欢这种颇具挑战性的思考方式。
- “思维技能启蒙”帮助我集中注意力，为我一天的学习做好准备。它们让我感觉我的大脑已经准备好了。
- “思维技能启蒙”让我充满动力，更加迫不及待地继续探索。
- 如果我失败了，“思维技能启蒙”会让我平静下来，重新充满力量。
- 周一的早晨让我感到很高兴，因为这是新的一周，我可以学习更多的思考技巧。
- “思维技能启蒙”让我思考自己必须做什么，它们非常有趣。我喜欢与其他人分享自己的想法。
- “思维技能启蒙”能够唤醒我，让我的大脑保持活跃。
- “思维技能启蒙”让我感到自己正在进入高度专注的学习状态。

8

哲学及哲学式的学习方法

生命是无尽时间之中的一段缝隙。

马塞洛·斯塔克夫

本章向读者介绍了哲学的奇妙之处，以及哲学的教学方法如何使教育从业者培养学生的好奇心和对知识和发现的渴望。

第6章展示了“学会学习周”的第4天是如何向全班介绍哲学概念的。“哲学”（Philosophy）这个词起源于希腊语的词根“philo”（意为爱）和“sophos”（意为智慧）。“不知道的快乐”问题提出学习方法利用哲学和教育之间的这种隐含的、自然的联系来介绍哲学教学的概念，在这里，哲学价值、对话和思考被明确为教学过程中的一个组成部分。

在教学和学习过程中加入明确的哲学教学内容，不仅能激发学习者对智慧的热爱，还能激发他们对智慧的内在热爱，这反过来又会激发他们对学习的热爱，对未知的热爱，对疑惑的热爱，对问“为什么”的热爱，对思维创新的热爱，对思考看似不可能的问题的热爱，使他们在他们的生活和学习之间建立有意义的联系，思考而不担心答案的对错，敢于质疑、辩论并学会尊重他人的思想、感情和观点，公开分享意见，乐于倾听他人的意见，并从最初的基础角度理解概念，拓宽视野，发展开放的思想，享受不知道和不确定的感觉。

哲学在“不知道的快乐”问题提出学习方法中的应用代表了一种存在、共存和互动的方式——为我们提供了享受自由思考和学习所需的所有基础。从战略领导力的角度来看，考虑哲学在学校生活中所扮演的这种独特的角色，确实很有意思——这要回到第2章所介绍的学校是活的生命体这一比喻。在第3章中，这个比喻被用来比较生命体的循环系统和学校的学习文化，前者流经生命体的所有区域，为细胞提供它们运作所需的一切。

现在的类比让我们思考这些功能在生命体和学校中是如何表达的。这就是DNA（脱氧核糖核酸）的作用所在。生命体中的细胞包含由DNA组成的染色体组，DNA由一系列基因组成，排列成相互连接的双螺旋结构。每个基因包含的信息（以一个来自母亲和一个来自父亲的方式继承）驻扎在DNA的每条链上，它们的功能是成对地使该生命体具有所有遗传控制的特征。

现在让我们思考一下，学校DNA的两条链中的基因是如何作用于学校的所有特征的。为此，我们需要设想，学校DNA的一条链包含负责表达学校教学基础结构各个方面的所有基因，而另一条链，即其哲学链，允许这些基因中的每一个存在，从而使学校生活的各个方面在哲学上得到表达，以影响构成学校特征的所有方面（见图8.1）。

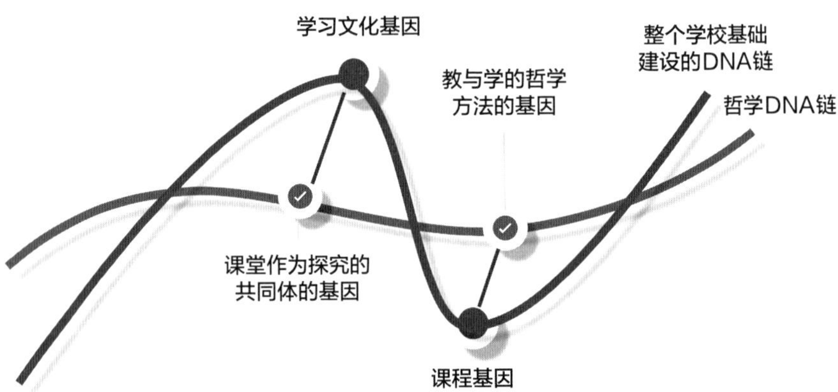

图8.1　学校DNA的哲学表达方式

这个DNA比喻也可以用来帮助我们思考儿童和他们与生俱来的存在方式。如果我们考虑年幼的儿童是如何利用他们与生俱来的好奇心来学习和发现世界是如何运作的，那么他们的DNA中似乎也包含了哲学链。从出生开始，儿童就对他们生活的世界，对他们所看到的、感觉到的、触摸到的、品尝到的、体验到的一切有一种不可抑制的好奇心。在这些成长的岁月里，学习和存在成为一体。“不知道的快乐”教育方法的理念是收获这种与生俱来的学习热情，在早期教育环境中培养这种热情，并在他们上学期间和生活中不断点燃这种热情。

从教育实践者的角度来看，建立一种教学和学习的哲学方法以及它们在课堂上的共存，支持第3章介绍的“不知道的快乐”问题提出学习方法中以价值观为主导的学习文化的各个方面，并认同约翰逊在《梦幻岛人民共和国》（*The People's Republic of Neverland*）一书中的描述：“对于人类的基本福祉来说，嬉游和对话的价值自然且显然是至关重要的。”

哲学在使儿童发展对彼此的欣赏和尊重以及创造条件使他们能够自由地思考、假设、分享意见并从每个人给探究社区带来的丰富性中受益方面也起着关键作用。当这些社区建立起来时，儿童感到他们拥有思考、学习、共存和处理不确定或困难情况所需的一切。

此外，在整个课程中建立一种哲学的教学方法，为发展儿童的创造性

建议阅读

在这个阶段，我们鼓励读者探索萨塞克斯大学转变教育倡议（Transform-in Education initiative）。在《今日教育》（*Education Today*）上发表的一篇文章中，转变教育的创始人佩尔佩图亚·柯比博士和丽贝卡·韦布博士认为该倡议“旨在支持教育者和学生在一天中拥有时间和空间来打破常规，它的创始人认为这是一个创造性和批判性的社会所必需的，每个人都能在生活中更好地应对答案并不总是明确的情况”。

和批判性思维提供了一个极其有用的工具。没有比现在更重要的时候了，我们需要让儿童具备批判性思考的能力，对他们遇到的信息进行质疑和质询，分析信息，发展洞察力，能够区分什么是“真实”和什么可能是“虚假”，对什么是重要的做出价值判断，并决定在多大程度上亲自参与社交媒体上的特定讨论或场景算得上谨慎。创造性和批判性的思考能力使个人有可能做出深思熟虑的、清晰的、理性的决定，这不仅是学生在学校中的一项宝贵技能，也是他们生活的一部分。

孩子们正在成长的世界与很多教师和家长成长的世界有很大的不同。不久以前，没有电子邮件，没有电脑，没有互联网，没有社交媒体，没有应用软件，没有手机，没有有线电视，没有在预定时间之外观看节目的能力，没有数字摄影，也没有以数字方式改变图像的能力。技术和社交媒体使我们现在很难破译我们所看到的或阅读的东西是否真实，以及现实在何种程度上已经被改变（如果有的话）。例如，我们如何知道一张照片是否

建议阅读

在这一点上，同样有价值的参考是西蒙·诺雷（Simenon Honoré）和迈克尔·波特（Michael Porter）在《人性教育》（*Education for Humanity*）一书中的描述：教学时“智力的发展和清晰的思维需要与创造力和实验并驾齐驱”。他们认为这一过程的一个重要部分是如何培养学生辨别事物真实性的能力。他们解释说，这个问题在人类历史上一直存在，现在变得特别紧迫，因为互联网的发展意味着我们现在接触到广泛的意见和未经证实的主张，这些主张往往被当作事实。本章介绍的课程哲学方法旨在满足作者所认为的教育系统的要求，即知识的严谨性：学会检验证据、评估论点、关注语言的使用和内容的潜台词。

被修改过？当一个故事在社交媒体上疯传时，我们怎么知道它是真的？如果一个声明在维基百科上被写成“事实”，这有多准确？如果我们不假思索地相信我们在社交媒体上看到的、读到的和收到的所有东西，那么对我们的幸福会有什么影响？似乎这一代人和以后的几代人都需要能够对他们日常生活的各个方面做出“道德”判断和决定。此外，我们必须做出这些决定的频率是惊人的。如今，没有多少信息是我们可以完全相信的。

哲学是教学过程的一个组成部分

将哲学方法纳入教学和学习过程的所有方面，其主要价值在于，它能迅速调整儿童通常持有的两个主要错误观念，这两个观念往往成为限制他们参与、享受学习并获得成就的因素：

1. 问题总是有答案的，也需要有答案

哲学是美妙的，因为它向孩子们介绍的都是暂没有确定答案的问题、有一个以上答案的问题或暂无法回答的问题。

2. 成年人（教师、家长）总是知道答案

哲学提供了一个很好的载体，可以让全班同学参与对话和讨论，使孩子们意识到老师并非拥有所有知识的专家，而是以激励和开放的方式介绍学习的专家，而且这种方式是可以被讨论、探索、调查和质疑的。

哲学教学的原则是非常吸引人的，但如何才能实现这一点，使其成为教室中日常工作和生活文化的一部分？下面的部分探讨了利用第4章介绍的卓越、丰富、快乐模型的每个阶段来进行哲学教学的机会（见图8.2）。

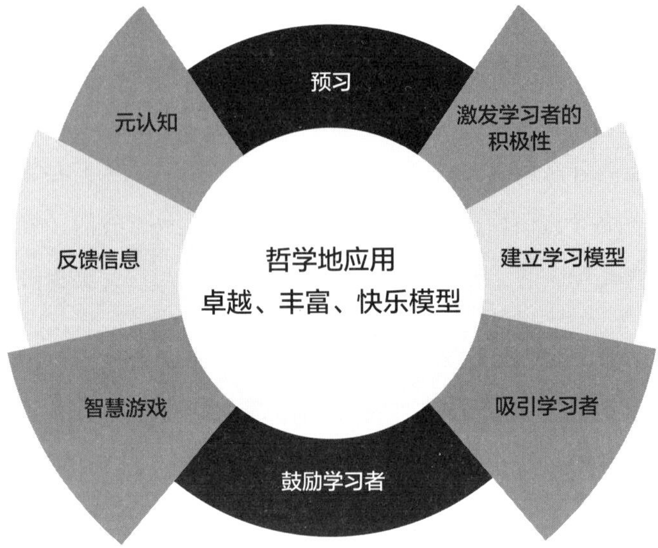

图8.2 从哲学的角度看卓越、丰富、快乐模型

预习

哲学问题作为一种预习方式，可以让儿童和他们的家庭在学习或学校社区活动发生之前热情地参与到学习中。第7章重点介绍的“思维技能启蒙”和“操场上的思考”倡议，为实现这一目标提供了很好的手段。

例如，在第4章中，我们看到通过向孩子们提出“时间是否存在”这一哲学问题（作为学习时间的预习过程的一部分），鼓励孩子们在家里讨论，然后有个孩子在第2天带来了一些“百里香”。在第7章中，我们看到了操场上的思考黑板对孩子们的全球意识和社会意识产生的影响，这一天在智利发生了一件事：营救被困在煤矿中的矿工。这样使用黑板可以帮助孩子们预习，并鼓励他们对一系列主题或即将发生的学校事件进行哲学性思考。例如，在学校参加慈善募捐活动的前一天，写在黑板上的问题可以是：作为我们募捐活动的一部分，你会怎么花明天筹集到的钱？

使用“思维技能启蒙”作为预习的哲学工具，鼓励了一个新生班的孩子在某天向老师提出了一个非常有趣的问题：

孩子问：

你知道你总是问我们很多哲学问题吗？

老师回答道：

是的，没有什么是比开始一天的工作时听到你们所有的想法更让我高兴的了。

孩子继续问道：

我们也有很多哲学问题。请给我们一些书，把它们写在上面好吗？

老师回答道：

当然，那太好了。我们应该给这些书起什么名字呢？

孩子（没有任何犹豫地）说道：

“为什么之书”！

这个孩子在学校里发起了一些非常重要的活动，到了周末，班里的每个孩子都要求拥有自己的“为什么之书”（见图8.3）。这些书确实变得非常特别，孩子们进入教室后兴奋地去找他们的“为什么之书”，并开始把他们思考的哲学问题填到书里，这一幕真是令人高兴。家庭往往也会共度这一天的最初几分钟，一起进行哲学思考。

孩子们把在“为什么之书”中的写作过程看作他们一天的开始，以及能够表达和交流他们的想法的一种方式。这是最好的写作目的，孩子们感到有内在的写作动力。“为什么之书”也是孩子们预习自己的学习内容的一项极佳资源，并且可以根据孩子们的兴趣和好奇心为教师的计划做出贡献。教师将“为什么之书”中的问题作为全班哲学讨论的基础，并且这些问题为教育从业者提供了一种很好的洞察力，使他们能够计划和利用儿童

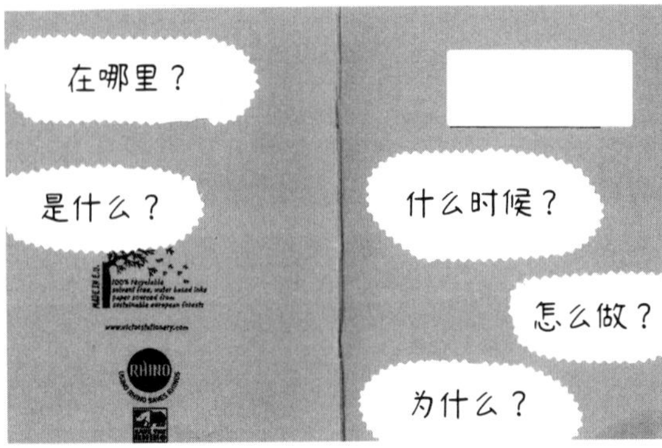

图8.3 0—5岁儿童的“为什么之书”

的好奇心和他们对世界的理解。在这些全班性讨论中，也可以用“为什么之书”来记录孩子们的想法——通过黏性标签。在整个一年中，对这些想法的收集和所使用的语言深度的提高，为做出形成性评估判断和确定孩子所取得的重大认知成就提供了一个很好的来源。

“为什么之书”的另一个好处是，它们帮助儿童形成对“问题的核心是什么”的理解，以及如何设定和使用这些问题。

激发学习者的积极性

在第4章中，我们看到了完成学习目标的哲学方法如何对儿童、课堂讨论和儿童想要参与学习的热情产生如此大的激励性影响。“不知道的快乐”问题提出学习方法将这一概念应用于课程的所有领域——通过哲学构建的学习目标启动学习。

第4章探讨了关于时间的学习，并使用诸如“时间存在吗？”这样的问题作为预习当天学习目标的一种方式。现在让我们举另一个例子，即关于二维图形属性的教学，来说明哲学性的学习目标对动机的影响：

讨论要点

学习目标被表述为一条陈述：了解二维图形的属性。

作为一种陈述，学习目标有可能引发消极的想法，例如“我不确定我是否能够做到这一点”，这可能使儿童根本无法参与学习。

讨论要点

学习目标被表述为一个问题：我们能研究二维图形的属性吗?

将学习目标表述为一个问题而不是一条陈述是非常有益的，因为从一开始它就促进了全班性的讨论和猜测，提升了孩子对学习的信心。如果学习目标被表述为“我们能……吗？”的问题，就使每个学生确信班级作为一个支持性的团体开始了这段旅程，而且非常有趣的是，它留下了这样的可能性，即对某些人来说，学习目标可能无法实现。它使人们可以接受花更长的时间并寻求进一步的支持。从孩子的角度来看，这种情况往往会使他们感到更加好奇，并使全班学生参与到相互支持的、敏锐而有效的讨论中，使每个人都有所收获。

讨论要点

学习目标被表述为一个哲学性问题：二维图形是否存在?

当学习目标被作为一个哲学问题提出时，教师就成为与学生地位**平等的学习伙伴**，有机会通过基于探究的全班讨论来激励学习者。这些讨论帮助学习者赋予他们所学的知识以意义，从不同的角度看待日常概念，并深入分析这些概念。这些讨论还为教师提供了非常有用的时机，可以确定学习者对内容的理解并识别他们产生的误解，并让学习者通过对正在讨论的思想和观点进行元认知思考来确定自己的理解情况。哲学学习目标总是会给教学过程带来很多幽默感，就像时间和二维图形一样，孩子们发现，他们对为什么要学习不存在的东西感到很好奇！这就是哲学学习的魅力！

本章开头采用的DNA比喻也可以用来说明哲学是如何帮助“表达”学习目标的，以及如何从哲学角度对课程的所有领域进行讨论。

图8.4显示了学校的DNA链中负责表达学习目标和课程内容的课程基因。从图中可以看出，负责传达学习目标的基因不是孤立表达的，而是与学校DNA另一条链上相互关联的基因结合在一起的，它的哲学链包含我想知道“为什么”基因、我想知道“如何”基因和我想知道“如果”基因。

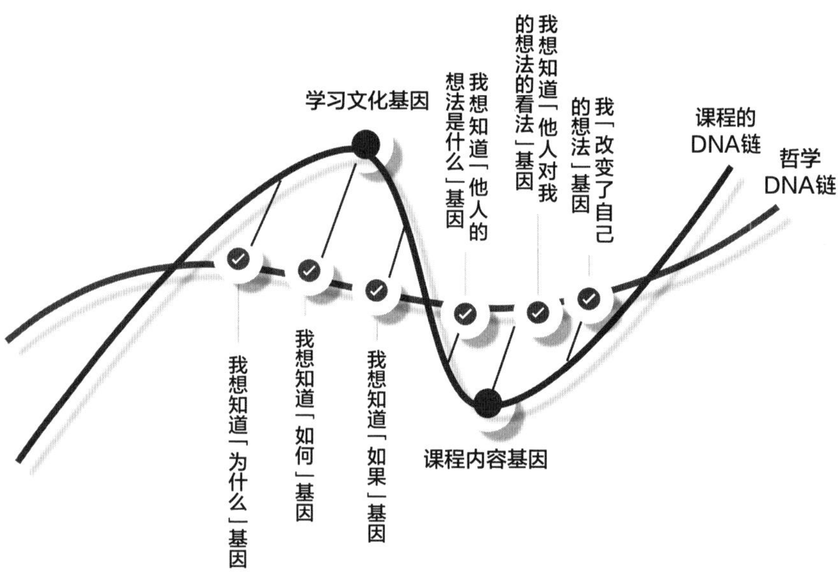

图8.4 从哲学的角度看待课程

同样，课程内容基因的表达也受到哲学链上相互关联的基因的影响：我想知道“他人的想法是什么”基因、我想知道“他人对我的想法的看法”基因和我“改变了自己的想法”基因。

这种模式可以扩展应用，调查哲学方法能够对学校生活的每个领域产生的影响。

建立学习模型

对即将学习的内容进行哲学上的讨论，为模拟学习目标的预期结果提供了一个很好的平台。在第4章中，这部分讨论了与孩子们分享“最终成果”的原则，包括高质量和低质量的例子。从哲学角度思考这两种情况可能非常有趣，并会带来许多“为什么”问题：为什么原作者选择了某些单词或短语？为什么在例子中观察到的错误在我们的写作中如此常见？为什么历史会这样发展？为什么会以这样的方式描述某个人物？在最终成果不是基于正确或错误的答案的情况下，这种更加哲学化的结果建模方法也有助于讨论期望，激励儿童自由创造。

吸引学习者

在孩子们参与学习的过程中，提出哲学问题是一种激励性的力量，使质疑和好奇心成为孩子积极学习的过程中不可或缺的一部分。

例如，如果孩子们正在阅读和分析小红帽的故事，让他们考虑诸如“你认为小红帽的最佳品质是什么”这样的问题是非常有趣的。在科学领域，当研究固体、液体和气体的特性时，可以向孩子们提出一个哲学问题，如有什么东西既不是液体，也不是固体或气体？在历史方面，可以启发孩子们思考他们可能希望与过去的哪个人物进行对话，或者思考如果某些时刻已经发生或没有发生，历史进程会如何改变。

图画书也是哲学参与学习的一个重要渠道。有很多书都是通过哲学的角度来写的。例如，《Ug：石器时代的天才少年》（*Ug: Boy Genius of the Stone Age*）讲述了一个喜欢让家人参与哲学思考的男孩，他试图让石器时代成为一个对所有人来说都更美好的时代。

鼓励学习者、智慧游戏

哲学的巨大优势在于它结合了如此多的学科，如此多功能，如此发人深省。哲学训练儿童的批判性和创新性思维，它使他们能够利用问题，寻求证据，探索他人的想法，从而加深自己的理解。哲学鼓励孩子们在智力上与概念和课程进行博弈，并认识到得到一个答案仅仅是更多问题的开始。哲学方法鼓励学习者参与卓越、丰富、快乐模式的这两个部分（鼓励学习者和智慧游戏），作为课堂上的一个自然进程。

除了为一天的工作和学习建立一个哲学的起点外，把哲学作为一门独特的课程并作为课程表的一部分也是非常令人激动的。在整个班级中定期进行哲学对话，可以使孩子们具备多种态度、观点和可转移的技能。将哲学本身作为一门学科，使哲学讨论有可能被视为学校日常工作的一个组成部分，而不是作为额外的或与学习和课程无关的内容。

这些课程如果在星期五进行，效果会特别好。如果孩子们真的期待一周的课程，他们会利用一周的学习和讨论来提出讨论的主题。如果讨论需要更多的时间，那么它往往可以延长到下午。周五的辩论也意味着孩子们在周末回家时满怀这些课程所带来的兴奋、热情和动力。他们往往利用周末在家里向家人阐述他们的哲学思想。

用一系列的文本为在课堂上开展哲学讨论提供提示是十分有效的。这一章本身是以一句话开始的——生命是无尽时间之中的一段缝隙。这句话针对的是较为宏大的哲学问题——那些没有答案但令人着迷的问题。例如，生命的意义是什么？在考虑这个问题时，本章开头的这句话可以构成一段有趣对话的基础。

《哲学档案》（*The Philosophy Files*）是关于这些宏大问题的一项极佳资源。书中的故事总是能激发儿童和教育从业者对哲学的热爱。作者以一种奇妙的方式，用一个最初的“宏大问题”来吸引读者，而这个问题被设定为一个故事，孩子们觉得很容易理解并能与之相联系。故事中的人物从不同的角度阐述哲学问题，使读者讨论和思考是否同意每个人物的假设。每个故事都在不断发展读者的思维，数次说服他们彻底改变自己的观点！

我推荐“我能跳进同一条河两次吗”这一故事。这个故事总是能让人深刻地思考，是一个没有答案的哲学问题。在故事中，一直在变化的东西是河流，但问班上的学生除了河流还有什么东西一直在变化是非常有意思的。他们的答案总是那么有创意。他们思考的是时间、环境和人。就人而言，更具体地说就是他们自己，讨论他们如何一直在变化是非常有趣的：血液不断地在我们的身体中流动（就像河流一样），我们的身体不断地产生新的细胞，产生新的想法等。然后问他们这个问题也很有趣：“我们的身体和心智时时刻刻都在变化，这是否意味着当你今天回家时，你可以对

案例研究

以《哲学档案》为基础的定期课程对一个在年初面临着被其他孩子排斥风险的孩子产生了非常显著的影响。到了学年末，这个孩子完成了她自己的第5版《哲学档案》，并把它放入了班级图书馆。

你的家人说‘我和早上离开家的自己是完全不同的两个人’？”

哲学课程还提供了向儿童（和成人）展示道德困境的机会，这需要儿童（和成人）思考不同情景对个人和社会的相对价值，以及他们可能做出的决定所产生的后果。在这些情况下，孩子们能够熟练地进行客观的、创造性的和战略性的思考。随着时间的推移，他们成为解决问题和从不同角度看待和考虑问题的专家。由于这些道德情境总是涉及人类的情感，它们也帮助儿童发展了社会意识和同情心——这两个因素非常关键，可以使儿童发展为能够促进社会和谐的个人。

孩子们喜欢参与有关“收到我不喜欢的礼物”这一难题的表演。这个场景描述了一个孩子欢迎远道而来的祖父母并和他们一起庆祝生日。在交出礼物之前，祖父母花了一点时间告诉孩子，他们为今年的礼物付出了多少时间、精力、心血和爱。但是当他们打开礼物时，孩子意识到自己“真的不喜欢”。孩子应该对祖父母说什么？

在这种情况下，孩子们的回答往往涵盖非常多元的思维。有些孩子会非常诚实地说“谢谢你们，但我不喜欢”。有些孩子会说他们喜欢，因为不想伤害他们和祖父母的感情。有些孩子在寻找折中办法，或者是寻找

案例研究

给他们一辆汽车

4年级的K说：“我知道应该怎么处理偷车的人——给他们一辆汽车。”在要求K进一步解释她的推理后，她说：“嗯，这很明显。如果有人偷了车，那是因为他们一定需要一辆车。”K的思维是超常规的。她没有考虑事情发生的后果，而是试图找到一个能在一开始就阻止事情发生的解决方案。

既不使人伤心也不需要他们“撒谎”的解决办法方面很了不起。例如，有些孩子会说“非常感谢你们，但也许明年我可以收到不同的东西吗？”或“非常感谢你们，但我想我现在不会穿它，我会把它留到特殊场合”。这是一个很好的场景，可以向孩子们示范这样的想法：有时事情并没有一个简单的解决方案，即使是对成年人来说也是如此。他们所有的想法和主意都是同样有效的，尤其是他们往往都是善意的。

对于年龄较大的儿童，“我们应该如何对待偷车的人？”这一问题可以引起类似的深层反应、共鸣和社会意识。当孩子们提出他们的想法时，兴奋的感觉就开始了。通常情况下，他们会考虑偷车的人是否应该入狱、社区服务是否是一个好的选择，或者是否有可能在某些情况下偷车是合理的（如紧急情况）。

当讨论无一例外地转移到监狱上时，一个非常有趣的问题出现了：进入监狱的人应该得到什么样的感受？应该被如何对待？监狱应该是艰苦和带来惩罚的地方，还是应该成为和解和反思的地方，人们在那里得到人道的对待？在这些方案中，哪一个能使人们更成功地重新融入社会？孩子们很快就指出，如果监狱是一个真正的“好”地方，那么人们就会故意犯罪，从而进入监狱。与孩子们一起研究不同国家如何处理这个难题的例子是非常有趣的。在后续环节中，讨论没有犯罪的社会是否可能存在这一问题是很有吸引力的。

哲学讨论启发了儿童对社会意识、社会责任和社会共识的思考，使他们尝试从哲学角度考虑社会的运作方式。例如，某些东西应该被禁止吗？吸烟应该被禁止吗？拳击应该被禁止吗？这些现实生活中的场景促使人们建立非常广泛的联系，构建理由，并考虑这些理由会带来的影响。例如，如果禁止吸烟，那么在全球范围内受雇于该行业各流程阶段的所有人员会发生什么？如果有一种新产品会对健康产生与烟草相同的影响，那么今天的市场是否允许它出现？如果禁止拳击，是否会导致人们在没有足够的医疗保障和控制的情况下“非法”举办这类比赛？在禁酒令期间会发生什么？

这些道德和社会情景提供了一种有效的方式，用以讨论与儿童的生活和他们正在成长并帮助塑造的世界有关的问题。这些问题包括气候变化、性别平等、国际冲突、病毒大流行等。通过哲学方法将世界带入课堂，使儿童有能力作为知情的、能够做出合理且深思熟虑的判断的公民与世界互动。正如巴雷尔（Barrell）所说，“好奇的头脑是我们民主的保障……是对现在及未来丰富生活的承诺……是我们不断成长和繁荣的文明的动力”。

反馈信息、元认知

哲学讨论还能够确保儿童发展丰富的词汇和连贯的思维结构，这对他们与成人和同伴进行反馈对话的方式有非常大的影响。哲学思考也是鼓励儿童进行元认知思考的一个好方法。他们对特定概念的理解程度如何？他们如何描述自己已经理解的概念？他们的元认知思维是如何引导他们对更多的东西产生好奇心的？哲学对卓越、丰富、快乐模型最后两个部分的贡献在于，哲学使儿童对他们已经理解的概念进行元认知思考，但角度非常不同。卓越、丰富、快乐模型最后两个部分的重点在于为理解而思考，是哲学方法的理想受益者，这种方法发展了儿童的策略思维和建立联系的能力，帮助他们做出深思熟虑的解释。

卓越、丰富、快乐模型的最后两个部分也鼓励孩子们思考下一步的可能性，并反思他们所学的东西的界限，以及由于学习了新内容而产生的更多机会和可能性。哲学帮助儿童确定什么是可能的，什么是不可能的。接下来的这组哲学问题被称为费米问题，它们要求学生针对不可能的情况构

案例研究

为理解而思考：为什么婴儿不能说话？

我设法说服了一位母亲允许我们和她的小婴儿相处几分钟。我开始尝试和婴儿说话，然后问全班同学："为什么他不和我说话？他只是坐在那里盯着我看！"

全班同学都觉得这个场景很好笑，在笑声中，他们继续提出了最不可思议的想法："婴儿没有牙齿""婴儿需要学习说话""他们不能发出声音"。每个建议都带来了进一步的深入讨论。这个问题不一定要用真实的婴儿来回答（玩偶也可以），但它是发展儿童对人类发展以及婴儿、儿童和成人之间的相似性和差异性的一种美妙的思考方式。这节课最后的部分是考虑作为婴儿、儿童或成人的优势和劣势。

建一个合理的答案或论证。

恩利克·费米是一位获得了诺贝尔奖的物理学家，他非常喜欢向听众提出不可能回答的问题。他提出的最著名问题是："纽约有多少个钢琴调音师？"这个问题在世界各地的讲师和他们的学生中流传甚广。向孩子们提出费米问题的有趣之处在于，他们不必担心没有得出确切的答案，因为它并不存在。例如，"世界上有多少人"这一问题在任何时候都不可能得到确切的答案。但与此同时，我们有必要得出一个合理的近似值。得出这些近似值的过程正是费米问题的价值所在，它可以训练孩子们的逻辑思维和策略思维，感受为了得出一个有意义的答案而尝试寻找答案的学习过程。

讨论什么是"可能的"概念和什么是"不可能的"概念非常有趣。许多在不久前似乎还不可能的事情现在已经司空见惯。在20世纪70年代，谁会想到30年后我们能够与世界另一端的人在屏幕上对话并看到他们？

案例研究

费米问题：世界各地的儿童

在这个问题中，孩子们被要求计算出多少名儿童手牵手才可以环绕世界。一开始，这似乎是一个完全不可能的概念，但通过分解问题和变换提问方式，这个问题开始显得更容易处理。绕地球一圈有多长？一个孩子伸出的手臂测量出来是多长？在解决这个问题之前，让孩子们先估计一下答案是非常有用的。有趣的是，由于不同年龄段的孩子对数字的认知不同，估算结果往往从14到14万亿不等！然后，孩子们开始尝试计算这个问题。他们在操场上一字排开，算出30个孩子的平均测量值，然后用这个数字相乘，直到达到40,000,000米，即约为地球的周长。这些费米开放式调查使孩子们成为解决问题、估计、推理、研究、分析、顺序思考、交流、理解和将课堂与现实世界联系起来的专家。

要求孩子们思考目前不可能但有一天会成为可能的事情，是培养创造性思维和提高愿景的好方式。这类讨论往往使孩子们表示他们很想在某个领域工作，或帮助实现能够改变世界的事情。目前关于气候变化的辩论就是一个很好的例子。完全停止使用化石燃料是可能的还是不可能的？这些讨论使孩子们能够为正在讨论的案例创造现实的论据，然后思考他们可能从事的职业，以帮助世界实现这些目标。

以下内容描述了哲学和课程中的哲学方法对学校生活的深度和广度产生影响的4个例子：

1. 一家人一起进行哲学思考

■ 加强儿童—学校—家庭的学习伙伴关系

2. 缩小语言词汇上的差距

- 改变儿童的生活机会

3. 学生作为哲学主导者

- 儿童是学校倡议、改进和变革的核心

4. 学生对学校中的哲学的看法和想法

- 哲学作为一种独特的激励工具

一家人一起进行哲学思考

加强儿童—学校—家庭的学习伙伴关系

哲学提供了一系列机会，促使孩子在家庭中、在学校以及在去学校的路上与家人一起进行哲学思考。作为家庭沟通的一个组成部分，设置“每周哲学问题”的效果非常好，也可以在学校的网站设置一个哲学角。当发

案例研究

在家的哲学

我们可以通过建立一个“全班哲学书”来促进在家里进行的哲学思考，让家庭参与到孩子的学习中来。就像早期教育中泰迪熊和它的日记每天去不同的孩子家里一样，哲学书也是如此。《但是，为什么》(*But Why*)这本书附有一只哲学熊，很适合孩子带回家阅读。“有没有做错事了，但在某种程度上又是正确的情况？”是一个很适合家庭讨论的问题。孩子们可以在课堂上分享自己和家人对这个问题的看法。

现来到学校的家庭还在讨论他们在家里进行的哲学对话时，我们总是很有成就感。非常有意义的是，在家里进行哲学思考对成年人也有巨大的影响，可以真正改变他们对教育和上学的看法，特别是如果他们对自己接受的学校教育没有留下非常积极的印象。“操场上的思考”（第7章）为家庭参与哲学思考提供了契机。在家里开始的哲学讨论往往会延续至户外（见图8.5）。

图8.5 家长与孩子围着黑板讨论哲学问题

缩小语言词汇上的差距

从早期开始改变儿童的生活机会

从很小的时候开始学习哲学，在发展儿童的词汇量、对谈话的热爱和在公共场合自信发言的能力方面有着巨大的好处。《关于为什么要缩小语言词汇上的差距的报告》（*The Why Closing the Word Gap Matters Report*）强调了儿童在开始学校生活时面临显著“语言词汇差距”的不利因素，以及他们在学校期间缩小这一差距的难度。哲学确保儿童从很小的时候就发展关键技能，使他们能够作为个人和社会成员茁壮成长，并做出决定，以确保我们的世界有一个美好的未来。

案例研究

幼儿园里的哲学

在一个炎热的夏天，我拿着一个装着冰块的碗走进幼儿园，对他们说我要把冰块放在架子上，待会儿再来。然后我们可以在每周的哲学课上使用它们。当我回来时，冰块当然已经全部融化了。“我之前留给你们的冰块在哪里？谁拿走了它们？”这两个问题带来了最精彩的讨论，充满了谈话、创造性思维和科学推理。与幼儿园儿童进行的哲学对话所产生的思考和讨论对缩小儿童间的语言文字差距产生了重大影响，使他们在学校上学期间能够茁壮成长。

学生作为哲学主导者

儿童是学校倡议、改进和变革的核心

在第4章中，我们看到了儿童如何与学校领导者紧密合作，从而为学校的战略领导力做出贡献。哲学通过哲学主导者的概念为孩子们提供了类似的机会，让他们参与到整个学校的改进中来，并做出贡献。哲学主导者是每个班级选出的代表，他们的职责是制定全校的“每周哲学问题”。这些问题被张贴在教室、走廊、学校宣传栏和网站的显眼位置。在任何时候，任何人都可以思考这些问题并提出自己的想法，并将其放到“哲学箱”中。哲学主导者会查看并讨论该周的所有贡献，并在庆祝大会上颁发他们自己制作的哲学证书。哲学主导者也可以准备一个盒子，鼓励其他人思考学校在接下来的几周内可以使用的哲学问题。

学生对学校中的哲学的理解

哲学作为每个孩子的独特激励工具

本节提供了一些例子，展现了哲学和它所带来的、以价值观为导向的学习文化给儿童带来的感觉（根据儿童的描述）。下面的例子展现了一些5—7岁儿童的想法（见图8.6）。

- 我认为哲学很有趣、很好。我们可以从中学习。它帮助我思考。
- 哲学是一件美好而有趣的事情。哲学对我的学习有帮助。
- 哲学对我的思考有很大帮助。我开始挖掘新的可能。
- 哲学很有趣，因为我们可以用自己的语言表达独立观点。
- 这很有趣，因为我们可以聊天。
- 我喜欢哲学，因为我们互相倾听对方的故事。
- 我喜欢和我的朋友持不同意见。
- 哲学让我感到轻松。
- 我喜欢哲学，因为我可以知道人们在想什么，我喜欢告诉其他人我在想什么。
- 哲学是非常值得思考的！哲学是有趣的。
- 哲学是倾听、娱乐、学习和给你建议。
- 我喜欢哲学，因为它很有趣，让我不断思考。
- 我喜欢哲学，因为我们在所有科目中都涉及它。
- 我喜欢哲学，它是一种有趣的思考方式。
- 我喜欢朋友与我想法不同，这使我看到问题的多个角度。
- 哲学是令人激动的。
- 我喜欢哲学，因为它能帮助我找到伟大的问题的答案。

图8.6 2年级学生对哲学的表述

下面的想法来自一个5年级的班级，这些想法是孩子们在进行PMI（正向因素、负向因素和有趣因素）练习（该练习是“学会学习周”第2天的一部分，其目的是帮助儿童组织他们的思维）时得出的。这次，孩子们被要求思考关于哲学的所有正向因素（P）、所有消极或负向因素（M），以及他们心目中关于这个主题和方法的所有有趣因素（I）。

P

- 保持专注
- 让你的想法和感受得以表达出来
- 发展我的想象力
- 它使我的大脑开始工作
- 我们尊重彼此的观点
- 我们学习如何有礼貌地辩论
- 让你真正开始思考
- 坚持自己的观点
- 与外部世界建立了很多联系
- 这很有趣
- 使你成为一个善思考的提问者
- 你可以在不感到尴尬的情况下表达自己
- 没有完全正确的答案
- 我们学会讨论而不是争论
- 它帮助我做出正确的决定
- 它帮助我争取我所相信的东西和我的权利
- 我们进行社交活动
- 你可以学到很多新东西
- 让你的思想自由
- 你可以思考学校之外的事情
- 我们互相交谈，而不是通过老师交谈
- 没有任何限制

- 我们不需要等待一切都准备好才开始行动
- 你可以改变自己的观点
- 我们都可以有不同的观点
- 我们可以表达我们的意见
- 这对讨论日常新闻很有帮助
- 你可以发现其他人的想法
- 我们把它与许多事情联系起来
- 帮助你成为一个批判性的思考者
- 我们变得更善于讨论问题
- 使我们思考外部问题
- 做出贡献是如此容易
- 它可以很有说服力
- 它让你思考得如此深刻
- 它使我们不再担心，因为没有正确的或错误的答案
- 你可以一直走下去

M

- 我们的大脑不能像成年人那样深入思考
- 你有时无法成功说服别人接受你的观点
- 如果你没有什么可说的，你会觉得被抛弃了
- 有些人可能会不太了解你谈论的东西
- 有时我们必须立即停止正在做的事情
- 如果真的存在分歧，可能会导致争论
- 有时，我们似乎在讨论一些“毫无意义”的事情
- 如果人们反驳，你还得继续辩论

I

- 帮助你学到很多知识，了解很多新的东西
- 在这个年龄段做这件事是多么令人兴奋
- 发现有时我们所有人都对某些事情缺乏了解
- 有助于我思考
- 那么多的人在小时候没有机会做这件事
- 没有正确或错误
- 我们长大后会知道这么多东西
- 你会发现事情的真相
- 当我们长大后，它将会有很大的帮助
- 我们讨论的所有问题
- 玩得开心，学得开心
- 帮助我们成为更好的学习者
- 我们就像领导者一样，做了这么多的决定
- 使我们成为更好的人
- 你比在大学里学到更多的东西
- 我们在学校里就可以这样做
- 儿童的想法与成人不同
- 它可以是关于任何事情
- 人们在上课时确实改变了他们的观点
- 有很多开放性的问题
- 人们如何将许多事情视为理所当然
- 成年人向儿童学习
- 我们如何以某种设想开始，又以与设想完全不同的结果而结束

- 鼓励你接受新事物
- 我们学会相互尊重
- 它引发了对于其他问题的思考，并与其他主题相联系
- 让我们了解如何评价事物
- 给予我们如此多的经验
- 让思考变得有趣，这有助于你不断提升创造力

孩子们的这些想法、感受体现了哲学和哲学式的思考方法为儿童在学习、情感、社会生活等方面带来的积极影响。

9

终身学习

在学校的学习是生活的催化剂。

马塞洛·斯塔克夫

本章向读者介绍了学校终身学习的基本原则，通过将有效学习的特征作为课程的一部分，学生将获得成功的终身学习者所需的技能和态度。作为“学会学习周”（第6章）的第5天，也是最后一天的活动，将学校终身学习的概念介绍给全班同学。将终身学习的方法嵌入到课程中，会使学生具备在复杂的生活中应对（各种情况）的能力，并使他们作为公民在不断变化的世界中做出积极贡献。

终身学习计划是学校学习文化中不可或缺的独特组成部分，这一点在第3章中已经介绍过（如图9.1所示）。

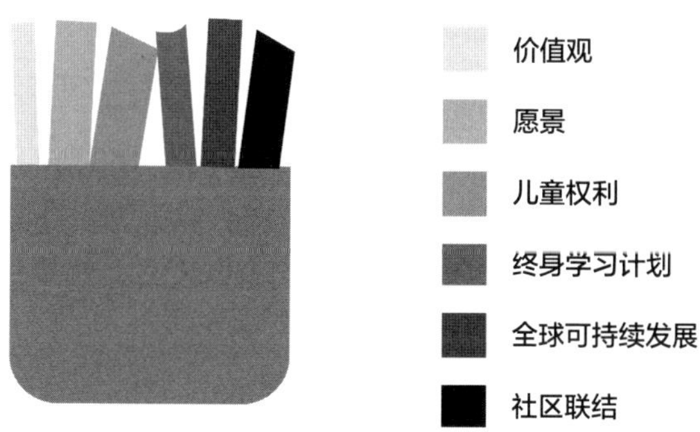

图9.1 全校性“不知道的快乐”问题提出学习文化的6个领域

“有效的终身学习清单”研究项目将带来一系列与有效的终身学习相关的特征，包含创造性思维、批判的好奇心、意义创造、策略意识、合作、复原力、改变与学习。下文将讨论这些术语的含义（见图9.2）。

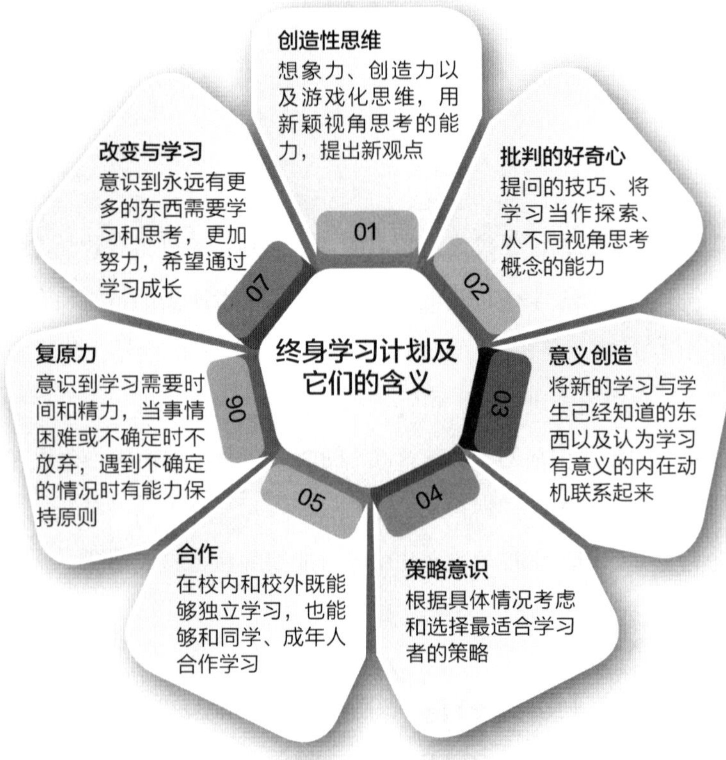

图9.2 终身学习计划及它们的含义

“有效的终身学习清单”研究项目的7个部分是学校讨论的绝佳起点，可以作为一个跳板，为学校带来一套定制的终身学习计划，这些特征来自整个学校的思想和想法。“有效的终身学习清单”研究项目发现，如果将这些特征与适合描绘该特征的动物（例如，有复原力的乌龟或蜗牛）联系起来，对儿童来说会更有意义。

为学校定制一份终身学习计划

为学校量身定制终身学习计划的第1步是设定3次校长挑战中的第1次，即“终身学习者的秘诀”。

第1次校长挑战

终身学习者的秘诀

本次挑战的主要目标

1. 从整个学校中获取与“成为一个成功的终身学习者”相关的词语列表
2. 为学校中的投票做准备
3. 投票结果分析
4. 宣布学校终身学习计划的词语（复原力、好奇心等）

“终身学习者的秘诀”挑战为每个家庭和学校的每个成员提供了一个机会，使其通过创建一份精彩的食谱成为一个成功的终身学习者。

在设定任务时，最好鼓励每个人在以下方面尽可能地发挥创造性：对于每种成分他们希望添加多少（2升好奇心等）、如何使用这些成分、他们需要烹饪多长时间、最终成果应该是什么样子以及最好的食用方法等。

这种开放式的挑战所带来的想法往往是非同寻常的，从广泛的艺术诠释到美味的蛋糕。正如在图9.3中，6年级的孩子们设计了一份终身学习者的“蛋糕配方”，清晰地再现了在他们眼中成为终身学习者需要什么。

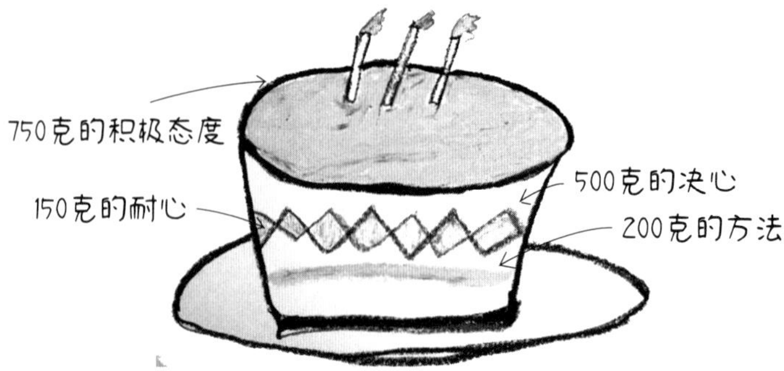

图9.3 终身学习者的“蛋糕配方”

这一挑战之所以如此有价值，是因为它有助于学校制订终身学习计划，鼓励参与者思考食谱的“配方”。整理收到的每份食谱中的成分清单，可以获得整个学校的想法库。

每个班可以将收集的想法分成6个主要的主题，最后从每个主题中选择两个有代表性的词，最后为学校列出12种可能的计划。例如，围绕好奇心这一主题可能有几个词：好奇、探究和质疑。

在征求了全校师生的意见并将其浓缩为具有代表性的选题后，我们邀请全校师生对这些选题进行投票，作为全校投票过程的一部分。最终，获得最高票数的6个选题将成为学校的计划方案。

学校投票的日期一经确定，家庭就会被告知该日期、投票的目的以及即将进行的安排，以确保所有家庭、教师、管理者和相关社区成员能够投票。在学校投票的过程中，如果可能的话，需要：

◆ 组织学校从早上7点到晚上7点开放，以最大限度地增加所有家庭成员来到学校投票的机会，在课前、课间或课后都可以。

◆ 组织每个孩子带回家一张投票卡，并包含家庭所需的所有相关细节，要求他们在投票当天将投票卡带回来。

◆ 组织学校寻找或制作一些投票箱。

◆ 组织学校全天进行投票，并在大厅设置“投票亭”，以便家庭和儿童能够私下进行投票。

◆ 组织管理者或学习主导者在当天形成一个轮值表，并由他们担任投票管理员。

◆ 组织并传达即使不能来学校也能投票的方式：世界各地的家庭可以通过邮寄、电子邮件、网站、短信、打电话给学校办公室等方式进行投票。

◆ 制作足够的选票提供给每个孩子和家庭。

◆ 在投票当天，最好制定一个时间表，让每个班级都能来到大厅，带领每个孩子完成投票过程；如果他们已经和家人一起投过票，就不再投票。

◆ 准备1本“意见簿”供所有人随时阅读——这也是一个非常好的主意。事实上，我记得一位家长在“意见簿”中写道：“我在这个国家生活了12年多，这是我第1次能够参与投票！”她的情绪非常激动！这本“意见簿”对于记录一天中被分享的或人们在无意中听到的评论非常有用。我永远不会忘记那个和家人一起来投票的孩子说“我刚刚为我的未来投了票”，这一天恰好是家人知道他们的孩子将去哪所学校的日子。

◆ 第2天组织学习主导者或各年级的孩子们来统计选票。这可能是一个迷人的、在逻辑上很复杂的数学调查活动，事先考虑好计票的“策略”是非常有用的。

◆ 对选票上的每个项目进行最终统计也是一项复杂的工作，因为孩子们必须考虑到每个项目获得的票数和学校提供的各种投票方式。

◆ 确保在选举结果产生并经教师核实后，有快速和有效的方式来传达这一结果。

◆ 向大家解释选举结果对学校来说意味着什么，以及制订终身学习计划下一步需要做什么。

在为学校制订了一套终身学习计划，并向每个人说明了这些实践方式是什么之后，启动这个过程将是非常有趣的。通过这个过程，所有的孩子都开始构思每种特征将如何帮助他们学习，并在校内外获得成长。

当孩子们对每一种特征有了概念上的理解，将每一种特征与孩子们能够理解的东西联系起来，从而丰富这种概念上的理解是非常有益的。

对他们来说，这反映了终身学习计划的全部内容。联系的范围是多种多样的：有些学校选择动物，有些学校选择虚构的人物，有些学校选择自己设计的具有超能力的人物，有些学校选择孩子们可以联系的名人。

想要将特征与学校选择的东西联系起来，需要让整个学校参与第2次校长挑战。在下面的例子中，每一种特征都与一种动物联系起来。

第2次校长挑战

我们应该选择哪些动物?

本次挑战的主要目标

1. 从整个学校中获得一份建议清单，提供建议的人需要说明他们认为哪种动物最能体现每一种特征
2. 为学校的第2次投票做准备
3. 分析第2次投票的结果
4. 宣布将与学校的每一种终身学习计划相关联的动物（例如，有复原力的乌龟或蜗牛）

这项挑战要求家庭和社区思考每种特征给个人带来的品质，然后提出他们认为最能体现这些品质的动物。在设置这项校长挑战时，提醒家庭注意学校对于每种特征的定义是很有用的。

当收到所有的想法，找到一种方法来庆祝所有贡献和想法是非常吸引人的。孩子们将以一系列的方式来庆祝这些想法：绘画、演讲、漫画、电影、模型。为了传达对每一个想法的肯定和认可，学校可以将它们在全校性会议或校园简报中发表，或者制作成一本书，并展示给大家共同欣赏。在完成对所有贡献和想法的认可和庆祝后，下一步将再次来到学习主导者那里。

这一次，学习主导者的工作是整理针对每项特征而提交的所有建议，然后像以前一样，选择他们认为最能代表每种特征的3种动物。例如，对于复原力，名单中可以包括蜗牛、乌龟或树懒。每种特征的3个"入围者"被放在一张选票上，整个学校被邀请在另一次学校投票中为每种特征的首选动物投票。

将某些动物形象融入日常学习过程是十分愉悦的。例如，让它们作为可爱的玩具或木偶出现在教室里。孩子们喜欢在学习过程中与动物在一起，这使他们的终身学习计划变得生动起来。这些动物在学校生活的各个领域都代表着某种特征。当孩子们看到这些动物时——例如，在学校办公室或食堂中，会立即将它们与高效的终身学习者所拥有的技能联系起来。

这个过程的下一步是针对代表学校的动物进行"设计"。在这个阶段，学校可以选择一个任意的、可自由获得的设计，或者它们可以选择进行第3次校长挑战，让孩子们自己设计。

这一挑战往往会产生一些了不起的结果，因为孩子们真的很喜欢用各种各样的媒体来表达他们的想法，并进行各种尝试。学习主导者的任务是将每一个提交的想法整理成可以参与投票的选项——以他们认为实用的方式，可以在学校生活的各个领域广泛使用。

如果提交的设计是三维作品（雕塑、陶瓷、铁丝结构、乐高模型等），

第3次校长挑战

我们的动物应该是什么样的?

本次挑战的主要目标

1. 从整个学校中获得一份关于每种动物的设计建议清单

2. 为学校的第3次投票做准备

3. 分析第3次投票的结果

4. 将投票选出的设计纳入学校的基础结构中

那么当它们被列入选票候选名单时，一定要拍下照片，使它们得到公正的评价。由于所有收到的设计本身就很有价值，将它们制作成一本带有注释的装订书也是一个好主意。它可能是A3尺寸的，可以放在学校的接待区长期展示，供所有家庭和访客欣赏。这样一来，每个孩子都会觉得他们的想法得到了重视和赞许。

通过衍生出每个特征的相反特征来增加计划方式的通用性

在介绍了终身学习的特征，并且学生已经熟悉了每种特征的含义后，整理与每种特征相反的词语，并与学生明确讨论它们的含义是非常有用的，因为以下这些相反的特征往往体现了对学习过程造成障碍的因素：

1. 被规则约束的（相对于图9.2中的“创造性思维”）

如果必须偏离已知的概念或路径，受规则约束的学习者往往会感到不安全；如果以一直以来的方式做事，他们会感到很舒服；如果以他们不习惯的方式提出问题，他们会感到困惑。

2. 被动的（相对于图9.2中的“批判的好奇心”）

被动学习者不愿意与所学内容进行互动或情感交流，他们很难质疑自己在学什么，为什么学，以及学习对他们的生活有什么帮助。

3. 支离破碎的（相对于图9.2中的“意义创造”）

碎片化的学习者倾向于孤立地学习，他们无法将他们正在学习的东西与他们已经知道的东西联系起来；他们发现很难在所学的东西中找到目的或个人价值。

4. 机械的（相对于图9.2中的“策略意识”）

机械的学习者只依赖一种策略来接触概念，他们对遵循指令感到很舒服，他们发现很难适应或使用不同的策略来解决问题或从不同的角度理解情况。

5. 依赖的（相对于图9.2中的“合作”）

依赖型学习者很难独立地进入学习过程，他们往往总是需要别人的帮助、指导和保证，然后才能够参与学习；他们不愿意自己“放手一搏”。

6. 脆弱的（相对于图9.2中的“复原力”）

脆弱的学习者在遇到困难、不确定或困惑时，情绪上无法应对；他们喜欢放弃，转到其他内容，而不坚持完成任务；他们容易分心，只做他们知道如何做的事情。

7. 固定型思维的（相对于图9.2中的“改变与学习”）

拥有固定型思维的学习者发现自己很难作为一个学习者成长，也很难为自己所学的东西赋予价值；他们在学习中形成了自己无法克服的障碍；他们不理解学习需要努力，需要在一段时间内逐步发展。

为每一种特征衍生出一组相反的词语，扩大了终身学习计划的使用方式。例如，某个特征与和它相反的特征可以被放在概念线的两端。第6章中介绍的概念线是“学会学习周”第3天的内容，它是一条连续的线，两端是相反的特征。这使得概念线成为终身学习计划的完美载体，成为课堂的一个组成部分，也成为课程实施和学生享受的方式。

图9.4说明了如何构建这些概念线，并在实践中使用。

图9.4 关于终身学习计划的概念线

这些概念线可以以各种方式使用。作为“学会学习周”第5天的一部分，在介绍这些概念线并与全班讨论后，可以要求孩子们在每条线上绘制自己的情况，作为他们在学年开始时如何看待自己作为学习者的基准（见图9.5）。

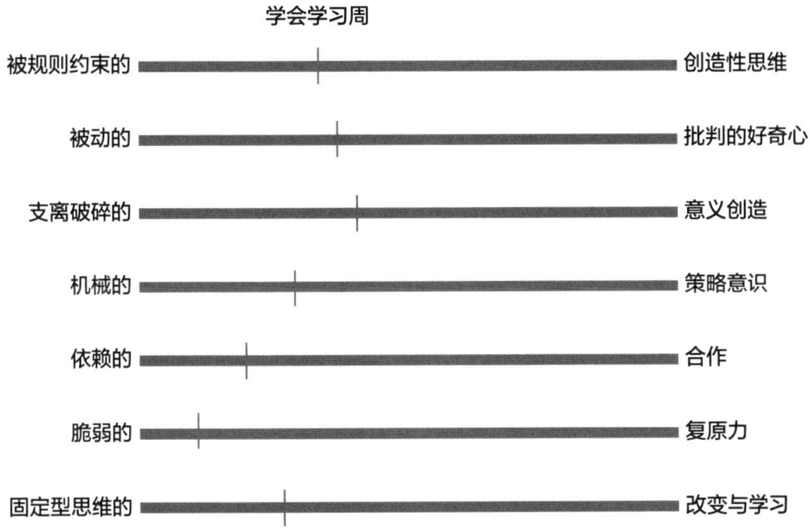

图9.5 学生在终身学习计划的概念线上绘制自己的情况

在这一年中，可以定期重温这些内容，为儿童提供自我反思的绝佳机会。在家长会前重温这些内容非常有用，可以作为与家长讨论的基础；在年终时，可以作为向家长报告的一部分。这些内容也可以作为某一班级原先的教师与继任教师交接谈话的一部分（见图9.6）。

孩子们感到非常自豪，因为他们的年终报告展现了他们作为一个终身学习者所取得的进步，这使他们能够在家里向家人推广终身学习的语言。

为了使终身学习成为课堂日常生活的组成部分，构建一个大型的全班概念线是非常有用的。然后，全班可以设计一个系统，将概念线转化为一个“互动”的展示。为此，有必要制作能够在线上和线下移动的“标记”（例如小汽车或火车）（见图9.7）。

在一个课题或课程开始时，每个孩子都可以走到展示台前，根据所设定的特定学习目标将标记放在他们认为符合自己情况的地方。可以在展示的学习目标旁给孩子们拍一张照片，作为展示的一部分。在课程或课题结

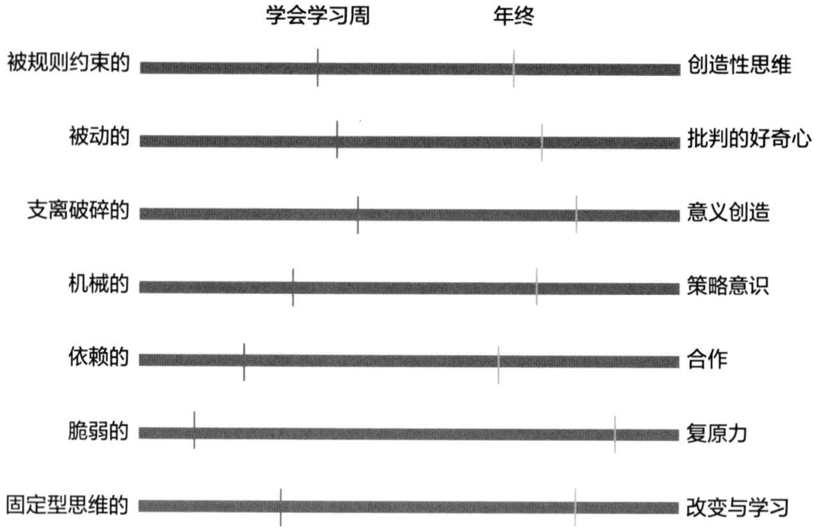

图9.6 学生在终身学习计划的概念线上绘制自己的情况

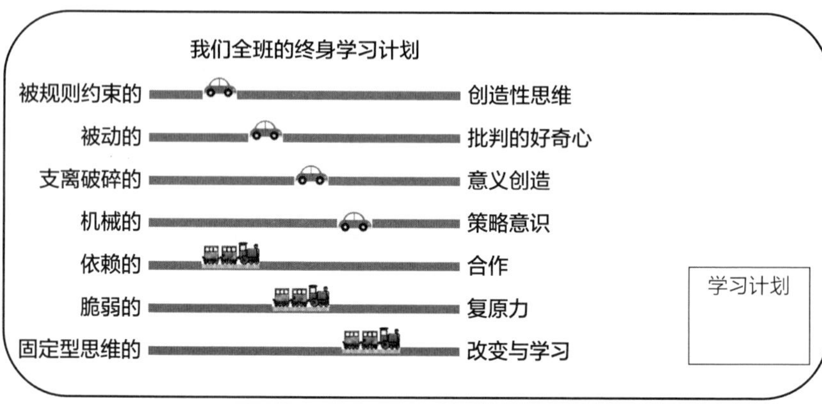

图9.7 在全班展示终身学习计划的概念线

束时，孩子们可以重新审视他们的照片，并利用这些照片再次描绘自己，反映出他们在完成课程或课题后觉得自己有多少进步。然后再拍一张照片，将前后的照片展示给大家看。

这个过程也可以在全班进行。如果正在讨论一个学习目标，全班同学可以就他们对于目标的完成情况达成共识。让这些特征如此明显和具有互动性，可以确保它们成为所有课程领域日常语言的一部分。

案例研究

终身学习的对立面：山羊

终身学习计划是非常有用的，它可以作为向中学过渡的沟通工具。来自中学的学习大使负责帮助小学生为顺利过渡到中学做准备，他们对终身学习计划的概念非常着迷。他们注意到，有一些动物与这些特征有关，但与“相反的特征”无关。校长为中学的学习大使们设置了一个挑战，让他们想出最能与每个相反特征联系起来的动物。这时，中学生们向他们的山羊寻求帮助！该学校以饲养山羊并利用它们来促进学生的学习和福祉而闻名。学生们意识到，山羊非常符合所有的相反特征。因此，他们用山羊来命名！

跨年龄段和跨学校伙伴关系的计划，一种基于行动研究的方法

在考虑终身学习和终身学习计划时，“不知道的快乐”问题提出学习方法和教育哲学的非规定性起到了非常重要的作用。我们已经看到，每所

学校都能获得自己的一套独特的特征，包括与每个特征相反的表现。现在，重要的是考虑如何使这些特征在学校中——无论是低年级还是高年级——为所有年龄段的儿童所接受并据此做出行动。这个过程有两个主要方面：

1. 每种特征所使用的术语是否可供所有年级的孩子使用？

2. 作为课堂日常生活的一部分，针对每种特征的实施策略是否满足每个年级孩子的需要？

术语方面非常有趣，每所学校都需要决定是否可以在全校使用同一套词汇，或者是否需要根据年级或阶段进行调整。下面的例子说明了如何对“有效的终身学习清单”研究项目的语言表达方式进行设计，使其对处于3—7岁的儿童来说更容易理解（见图9.8）。

全情投入的	松鼠	创造的
关心他人的	獾	联系的
雄心勃勃的	蜗牛	坚韧的
深思熟虑的	蝙蝠	设计的
尊重他人的	蜜蜂	沟通的
友好的	老鼠	质疑的

图9.8 针对处于3—7岁儿童的终身学习计划

在这个例子中，每一种特征——而不是其相反特征——都与一种动物和一种学校价值观相联系。例如，蜗牛与坚韧和雄心勃勃相关。作为日常实践的一部分，终身学习计划的实际执行情况也因年级的不同而大不相同。当学校明确了每种特征的概念，用一到两个学期的时间将这些特征作为持续的课堂行动研究的基础是非常有意义的。这样一来，每个教师都可以自由地进行试验，看看如何在他们所教的年级中最有效地使用这些概念。第4章描述了调查小组的概念如何促使行动研究过程成为教学常规的一部分，以及学校如何利用自我产生的证据来推动实践。

下面的例子总结了不同年级的实践者是如何利用行动研究使其年级的特征具体化的（见图9.9）。

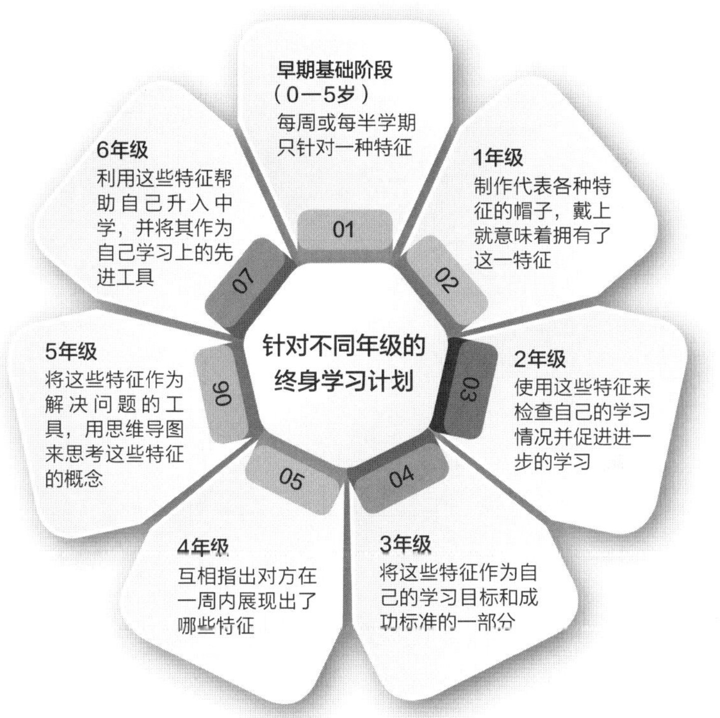

图9.9 对于每个年级的终身学习计划的思考

从上图中可以看出，终身学习计划在支持教学过程和确保学生形成德韦克（Dweck）所说的成长型思维方面具有非常广泛的作用。该图显示了各个特征是如何在过渡期对学生起到重要作用的——无论是为学校的每个年级提供帮助，还是在学生过渡到下一个教育阶段时为他们提供学习的工具包。德韦克在她的《思维模式》（*Mindset*）一书中指出，对于许多学生来说，过渡期是一个巨大的挑战，在研究中，具有成长型思维的学生实际上能够在新学校的第一、二年中提高他们的成绩。

图9.10展示了当各个特征作为解决问题的工具构成思维导图的每个分支时，也可以发挥很大的作用。在科学领域，当计划或评估一项调查时，这种方法特别有效。如果用特征来代表思维导图的每个分支，就会促使儿童以一种发人深省的战略方式思考和分析他们的学习。

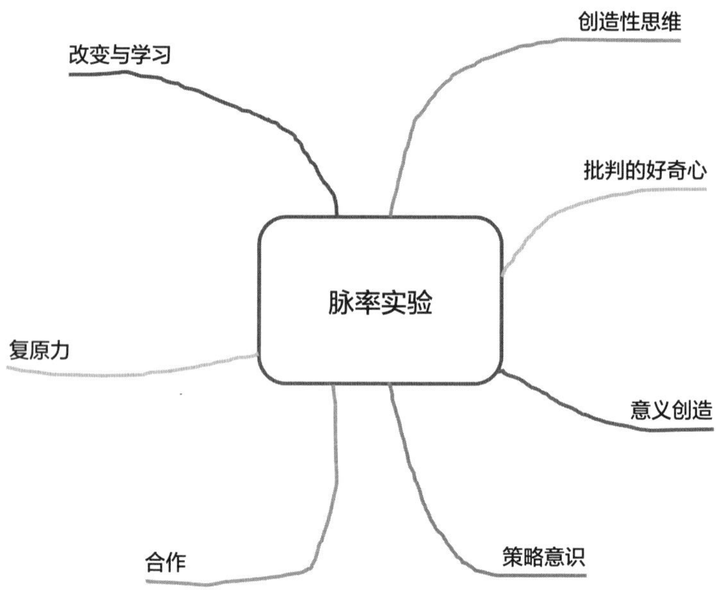

图9.10 终身学习计划作为解决问题的工具

讨论要点

在这个阶段，作为一个教育者团队，探索终身学习计划特征的多样性，并利用它们来支持卓越、丰富、快乐模型的8个部分——这是非常有趣的。

如果终身学习计划成为校际合作行动研究项目的基础，那么它也可以发挥巨大的作用，下面的案例研究就说明了这一点。

案例研究

从优秀到卓越的学习者项目

纳尔逊子爵教育信托基金旗下的学校将终身学习计划作为校际合作行动研究项目的基础。参与这些项目的学校要么引入每所学校共用的特征，要么引入这些特征的原则，因而，每所学校都能够根据术语和特征之间的关系定制自己的特征（有些选择动物，有些选择超级英雄等）。卓越学习者项目的价值体现在这些方面：标准和专业合作、阶段间衔接，以及每所学校内外的教育者之间丰富的思想交流，因为项目涉及定期的传播会议。该项目的另一个非常有力的成果是，它对儿童的动机、自尊心和与家人一起学习时的伙伴关系产生了影响，因为每个项目最精彩的部分是一个由儿童、他们的家人和工作人员一起在一个大型会议中心参加的、关于高效的终身学习者的庆祝活动。这个研究项目为每所学校继续他们的创新之旅奠定了基础，这是他们战略计划和教育理念中不可分割且可持续的一部分。

通过规划过程的战略指南确定终身学习计划并将其嵌入实践中

到目前为止，本书所描述的过程使用了一系列的校长挑战，帮助学校制订终身学习计划，并将其作为教学过程和学校生活的一个组成部分。下面的图表（图9.11至图9.13）说明了这些过程是如何作为学校两年战略计划的一部分来实现的。

第1学期和第2学期

我们应该用什么词来表达我们的终身学习计划?

- 第1次校长挑战为学校生成了这些词汇
- 第1次校长挑战的标题：培养终身学习者的秘诀
- 学习主导者分析所有产生的想法
- 学习主导者将收集到的想法分为主要类别
- 学习主导者选择12个有代表性的词
- 将这12个词放在1张选票上
- 学校进行投票
- 得票最多的6个词形成该校的终身学习计划

我们应该如何使用我们的终身学习计划作为教学过程的一部分?

- 对于终身学习计划的研究在各班展开
- 采用并宣传终身学习计划的全校性方法
- 整理出终身学习计划的相反特征
- 在“学会学习周”期间推出终身学习计划
- 将终身学习计划用于评估、奖励，以及与社区和家庭建立联系

图9.11 前两个学期的校长挑战

第3学期和第4学期	**我们应该把什么动物或人物与每个终身学习特征联系起来?**
	■ 第2次校长挑战引发了各方面的联想
	■ 对应终身学习特征的动物或人物
	■ 第2次校长挑战的标题：你认为哪些动物最能体现出我们每一种终身学习特征的特点?
	■ 学习主导者分析所有产生的想法
	■ 学习主导者对有关每个终身学习特征的所有建议进行分组
	■ 学习主导者为每个特征选择3种动物
	■ 将所有选出的动物放在一张选票上
	■ 学校进行投票
	■ 在每个特征类别中选出得票最高的动物
	■ 在每个班级中开展终身学习特征和与其相关的动物的研究
	■ 将终身学习特征和与其相关的动物纳入课程的所有领域

图9.12 第3学期和第4学期的校长挑战

第5学期和第6学期	**我们的“动物”或“人物”在学校里应该是什么样子的?**
	■ 第3次校长挑战确定了学校对于每种动物或每个人物的特定设计
	■ 第3次校长挑战的标题：你能为每种动物或每个人物进行设计吗?
	■ 学习主导者对收到的每个设计进行分组
	■ 学习主导者选择3个设计来代表每个特征
	■ 这些设计被放在一张选票上
	■ 学校进行投票
	■ 得票最高的设计被学校采用
	■ 被采用的设计在每个班级的网站等专属展示平台都可以看到

图9.13 第5学期和第6学期的校长挑战

终身学习计划超越课堂，进入家庭和生活

终身学习计划为全校庆祝孩子们获得的学习行为和态度提供了一种美妙的方式。孩子们的终身学习计划或愿景也在教师总结孩子们的成就（撰写证书）时提供了巨大的灵感来源，这些证书将在全校活动中进行展示。以这种方式利用这些特征，将使它们成为学校重视的学习载体，同时使它们得以帮助儿童培养共情能力和为他人获得的成就而感到自豪的品质。

学年末提供了一个进一步关注终身学习计划的机会——将其作为最后一项家庭学习任务的基础。这项任务要求孩子们“想一想那些知名人士，他们之所以能在生活中取得成功，是因为在他们身上某个终身学习的特征表现得极为明显”。在年末布置任务，可以让孩子们：

1. 发现拥有这些终身学习特征的价值，不仅在学校，还在生活中。

2. 在家里进行有关终身学习特征的对话，并创造机会让家人也培养这些特征。

10

在家思考及学习

在学校里开始思考、学习，
在家里继续思考、学习。
马塞洛·斯塔克夫

本章向读者介绍了一种设计家庭作业并使儿童参与其中的创新方法，其中包含的一些任务以每周一系列的开放性挑战的形式呈现给学生，促使他们在家中进行创造性、批判性和哲学性的思考。

本章提出的想法说明了这些任务如何支持和丰富课程的所有领域，并成为庆祝全球事件和多元文化传统的绝佳载体。本章提出的家庭学习想法也是即将出版的《保持思考》（*Keep Thinking*）一书的内容。

家庭学习方法的理念

家庭学习方法的理念是从“思维技能启蒙”（第7章）中产生的。如何将“思维技能启蒙”在学校里产生的激励作用复制到所有孩子的家里？能否以激励儿童及其家庭的方式为家庭设计任务？这种家庭学习的方式能否成为进一步促进学校、学生和家庭三方合作的机会？这些任务能否为儿童提供机会，使他们能够向家人解释某些概念？这些开放式的任务能否在家里促进文化的丰富性和全球意识？这些任务是否也能促进家庭与当地社区的积极互动？这种家庭学习的方法能否使儿童受到内在的激励，从而愿意参与每项任务？

对策略的考虑与家庭学习方法

与所有的“不知道的快乐”问题提出学习方法一样，本章旨在使教育者将家庭学习的概念和方法作为一个非规定性的框架的一部分，并可以由每个学校来塑造。下面的问题旨在促进初步的讨论，从而形成全校性的方法：

- 学校是否希望将此作为一种全校性的方法?
- 如果这是一个全校性的方法，那么每周的主题是否可以针对不同的年龄组进行调整?
- 每个年级是否会在同一时间设置这些方法?
- 孩子们的任务每年会有什么不同?
- 是否可以在未来再次向孩子们提出相似的任务，同时包含一些微小的改变?
- 在“学会学习周”中是否确定了一个方便的时机，从而可以向全班介绍这一概念，并向每个孩子提供一本“家庭学习思维技能书”?
- 是否已与家庭分享该方法的原则和价值?

表10.1总结了家庭学习方法给孩子、家庭和学校的学习文化带来的主要益处。

表10.1 家庭学习方法的主要益处

- 与"思维技能启蒙"一样，家庭学习思维技能书成为非常特别的创造性和创新性思维的来源。
- 遵循惯例和抱有高期望是建立自律的好方法，并可以培养孩子管理时间和按时完成任务的能力。
- 任务的性质鼓励儿童与他们的家庭和当地社区合作。
- 这些任务使儿童能够将他们在学校的学习与校外的生活联系起来，并赋予这种学习以意义。
- 这些任务为庆祝世界事件和世界各地的所有文化提供了一个永无止境的手段。
- 这些任务允许儿童通过在不同的环境中使用所学的概念来"掌握"学校介绍的知识。
- 这些任务的性质表明它们是在家里促进终身学习计划的一个极好方法。
- 家庭学习任务让孩子在家里以学者、专家的身份，向家庭成员介绍新的概念和想法。
- 该习惯允许所有儿童发展高水平的自尊和"我能做到"的积极心态，而不必担心以任何方式竞争。
- 这些任务使儿童能够培养广泛的解决问题的技能，并在任何时候都能促进他们对挑战、可实现的复杂性和瞬间的不确定性的热爱。
- 挑战的时间安排给了孩子们充足的时间，以鼓励他们彻底地做出努力。
- 家庭学习开始被认为是他们生活中一项自然的、激励性的延伸，而不是为了学校而完成的苦差事。

家庭学习方法激发了所有儿童非凡的参与度、奉献精神、创造力、想象力、协作和创新精神。这些挑战帮助孩子们将有效的终身学习能力（第9章）扩展到课堂之外应用，并进入家庭。当任务以这种方式提出时，家庭学习的过程也被证明对家庭有相当大的改变，可以帮助家庭成员对上学、教育以及思考和学习的过程形成一个非常积极的看法，不管他们自己的经验如何。

家庭学习方法的实践

学会学习周（第6章）的第2天的尾声向全班介绍了家庭学习过程，并说明任务：

- 进行开放式的、发人深省的、创造性的思维挑战，可以在家里与家人一起享受挑战的过程
- 在专门的家庭学习本上完成
- 旨在以儿童选择的任何方式完成挑战和展示成果
- 根据任务的不同，创建的挑战时间跨度为1周、2周或3周

下面的部分为一年中的第一个和最后一个任务提供了建议，以及关于一系列可以在秋季、春季和夏季学期提供的任务的想法，这些任务为期1周、2周或3周。

今年的第一项家庭学习任务｜孩子的生活是一幅思维导图

这个任务被推荐为学年的第1个任务，因为它利用了孩子们在“学会学习周”期间学到的技能。在“学会学习周”的第3天，学生们被介绍了思维导图的概念以及如何绘制思维导图。这是第1个家庭学习任务，它邀请孩子们为他们的生活制作一张思维导图，包括他们的家庭、爱好、偏好、旅行和朋友——任何东西都可以。在这个过程中，他们的一项任务

是教他们的家庭成员如何绘制思维导图，并使用这一挑战附带的说明，该说明包含在每个孩子的家庭学习书中：

1. 如何提供有关思维导图的说明，并让孩子们列入他们的书中。如图10.1所示，列表中包含一些要点，他们可以在完成或教授每个步骤时打钩：

思维导图

通过可视化思维加速学习

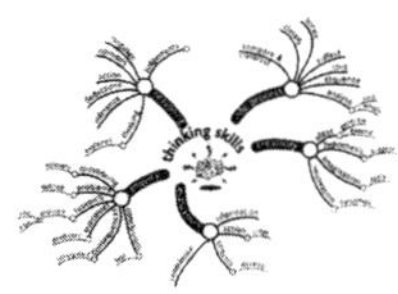

☑ 用铅笔画出初稿
☐ 制作一张汇集了你的主题的图片
☑ 使用头脑风暴得出一些点子
☐ 将主题划分为子主题，为每个主题创建一个分支
☐ 发展你的主题分支，并用头脑风暴组织点子
☐ 使你的思维导图人性化——使用图片、图像、图表和图标
☐ 每个主题分支使用不同的颜色
☐ 用词语的大小体现其重要性
☐ 用图标体现相互之间的关联
☐ 随时补充，永不结束！

图10.1 有关思维导图的说明

2. 如何设定任务（注意日期要与学年的第一周相吻合）。

3. 孩子是如何列出自己想要包括的所有主题的。

4. 任务的激励性是如何使这些孩子想要以如此有吸引力和信息量的方式展示他们的思维导图的。

将这项任务设定为第1项家庭学习任务，能够保证：

1. 孩子们练习和掌握在“学会学习周”期间学到的一项技能，并将其应用到自己的生活中，为有关“意义创造”的终身学习计划做出贡献。

2. 孩子们通过向他人传授技能，巩固他们关于如何绘制思维导图的知识。

3. 孩子们感受到他们在这一年的开始就能够向老师传达所有对他们有价值的东西，并感受到他们因为这一点得到了赞赏和重视。

4. 老师获得关于每个孩子的大量信息，这对于在这一年中为每个孩子提供个性化的学习经验非常有帮助。

有关秋季学期的想法 | 为期1周、2周和3周的任务

为期1周的任务的例子

“找出哪一个数字不一样”游戏使用数学来激发学生对批判性、创造性、哲学性和游戏性思维的热爱。这个任务如果作为一年中的第2个家庭学习任务，效果会很好。

“找出哪一个数字不一样”游戏邀请孩子们：

- 以一种愉快的方式进行数字游戏
- 在数字、世界和他们的生活之间建立有意义的联系
- 培养他们对数学模式的思考能力
- 发展他们的创造性思维
- 从他们的家人那里获得想法

“找出哪一个数字不一样”游戏的基础是为儿童提供一个4乘4的网格，上面有一组随机数字。孩子们面临的挑战是找出每一列和每一行中哪些数字是奇数。

孩子们的答案可能与任何事物有关。通过要求孩子们解释他们做出每个选择背后的原因，可以发展他们交流、解释和证明他们的推理能力。通过向全班展示自己完成的这项任务，孩子们可以：

- ◆ 建立与数学顺序和模式有关的联系
- ◆ 建立与数学运算有关的联系
- ◆ 建立与位值有关的联系
- ◆ 使用数学知识（质数）
- ◆ 建立联系，显示数字如何作为标签（本例中为年龄）

为期2周的任务的例子

这项任务被称为“声音诗”，旨在通过日常声音产生刺激，激发儿童和他们的家庭对诗歌的热爱。这项任务的时间可以与学校对诗歌或声音的关注联系起来，也可以配合英国诗歌日等活动的庆祝。

这项创造性思维和开放式家庭学习任务方法的部分好处如下：

◆ 在没有要求或提示的情况下，孩子可以用思维导图来计划他们的写作，并构建自己的想法。

◆ 你可能还记得，教他们绘制思维导图是“学会学习周”第3天的内容，并在第一套家庭学习任务中得到明确体现。在这种情况下，思维导图的使用表明，这一工具已经成为孩子学习工具箱的一个组成部分，并将成为他们的终身技能。

◆ 孩子可以把科学、文学和他们小时候熟悉的主题联系在一起。通过将一首童谣作为他们的一首诗的基础，他们能够创造出非常特别的原创作品。

◆ 孩子可以有效地利用时间，并意识到他们有足够的时间（两个星期）来创作两首诗。令人着迷的是，他们想创作出超越“最低要求”的更多作品，这说明了“不知道的快乐”问题提出学习方法是如何在学校和家里培养内在动力的。

为期3周的任务的例子

秋季半学期是一个引入3周“扩展项目”概念的机会，它跨越了半学期前的一周、半学期本身和半学期后的一周。

这是一个将人文学科推向重点位置，并将历史、地理、公民和宗教教育置于中心位置的极好机会。将这些项目作为发明游戏的刺激因素，效果非常好；棋盘游戏是培养孩子创造力，且能使他们集中注意力做研究的绝佳工具，可以为他们提供大量课堂中的娱乐时间。

通过这些为期3周的任务，孩子们展示了惊人的创造力和艺术水平。他们的贡献和创造从未停止过，涵盖了令人难以置信的广泛范围：三维模型、雕塑、绘画、网站、视频、播客、广播节目和演示文稿——这个范围可以无限扩大。

有关春季学期的想法 | 为期1周、2周和3周的任务

为期1周的任务的例子

春季学期的开始提供了一个很好的机会，可以回到以数学为基础的主题，鼓励孩子们在日常生活中应用他们的数学概念知识。

这项任务要求孩子们创建一个家庭数据集，并以表格、图表、饼状图或条形图的形式加以说明。教师也能够利用家庭学习任务来进一步挑战孩子的思维。

在家里和现实世界中推广数学的另一个想法是，要求孩子们对他们在家里和外面世界中能找到的所有“形状”进行说明、讨论和评论：这个形状是二维的还是三维的？我们知道它的名字吗？它是一个规则的还是不规则的形状？为什么选择这种形状作为特定物体，比如瓷砖、盘子、时钟、窗户或轮子的一部分？同样的物体可以用不同的形状制成吗？对于某些物体或某些工作，有些形状是否比其他形状更有效？例如，天井的瓷砖可以是任何形状吗？如果它们是圆形的呢？这项任务也可以促进家庭中的哲学讨论。二维图形是否真的存在？通过关注形状的细节，孩子们开始以更好奇的方式感知世界，并倾向于提出更多关于“为什么”和“能”的问题：为什么建筑物一般都有一个长方形的底座？建筑物可以是圆形的吗？什么形状可以承受最大的重量？什么形状的建筑物不容易破损？

为期2周的任务的例子

这项任务激励孩子们制作一张中国新年卡，以配合中国新年的庆祝活

动。中国新年是从农历的第一个月，即1月或2月开始庆祝的。这项任务在2周内完成效果很好，因为它给了孩子们和他们的家人足够的时间去研究伴随着这个节日的所有传统，同时也给了他们足够的时间去制作卡片。

卡片可以在教室里做精彩的展示，也可以用来送给家人，作为在家里庆祝中国新年的一种方式。一年中的每个月都为学校提供了庆祝世界事件、国际节日和习俗的机会，作为丰富课程、促进多元文化意识和庆祝我们多元化宇宙的奇迹的一种方式。

英国科学周往往也是在春季学期，这给我们提供了一个机会，让我们在家里以家庭为单位玩科学拼字游戏。这个游戏的理念是，玩家必须遵守拼字游戏的规则，即如何将字母和单词放在游戏格上，但他们只可以使用与特定主题有关的单词。例如，主题可以是英国科学周的庆祝活动，每个家庭成员都被要求用不同颜色的笔来玩，因为下周孩子们的任务是为每个人的贡献打分。

这一挑战的结果为我们带来了一个非常鼓舞人心的时刻，因为我们写的信在《泰晤士报教育副刊》(*Times Educational Supplement*)上发表了(见图10.2)。

于2005年3月11日发表在《泰晤士报教育副刊》上的信件

我很感兴趣地读到萨曼莎·库珀将拼字游戏作为一种跨学科工具来提高小学课堂的水平。在韦斯特伯里公园，我们在课程中使用思维技能方法，并且发现拼字游戏是刺激儿童学习的一种奇妙工具。

我们经常在一个主题开始或结束时使用拼字游戏来评估孩子当前的理解情况——孩子们互相比赛，使用与该主题有关的词语。

事实证明，这种玩转课程的方式在家庭作业中非常受欢迎，孩子们和家长可以一起享受游戏的乐趣。

图10.2 在《泰晤士报教育副刊》上发表的信件

为期3周的任务的例子

春季半学期的3周示例任务为“人们为什么阅读小说”。在这项任务中，孩子们被要求制作一份调查问卷，可以在家里或在课堂上制作，然后用它来采访不同年代的3个人。

这项任务提供了一个很好的机会，让我们关注为什么阅读如此重要，它如何给人们带来如此多的乐趣，以及它如何在许多方面丰富我们的生活。如果儿童是提问者，那么他们对某一主题的洞察力是非常惊人的。这项任务促使儿童以各种方式展示他们获得的信息：填写的问卷、对收集的信息的概括、展现所获答复的图表等。

这项任务也非常有价值，因为孩子们会注意到，根据问题的措辞，被询问者会提供不同长度和深度的回答。有些问题只会获得“是”或“不是”的回答，或只有一个词的回答，但其他问题会获得更详细的回答、深入的解释和说明。给这项任务设置3周的时间是非常有用的，有一次，一个孩子把问卷寄给她在澳大利亚的祖母，并收到了她的回复——全部都是通过邮寄。

作为后续行动，可以让孩子们把他们的发现总结出来，以此来丰富这项任务的内容。他们是否注意到他们收到的答复有什么模式？不同年代的人的回答是否有差异和相似之处？他们是否发现了一些令人惊讶的事情？这是否促使他们阅读更多或尝试不同的体裁？他们自己会如何回答调查问卷？在完成这个任务之后，鼓励孩子们选择他们自己的小说，并准备一个简短的总结，说明他们为什么选择那本书，在本周结束时与全班分享，也是一个好主意。

也可以给孩子们设置“作为艺术家生活”的挑战，作为当年这个阶段的另一个为期3周的任务。这个任务鼓励孩子们在家里创造一个空间作为他们的工作室，并且在任务期间不受干扰。这项任务可以要求孩子们对他们所关注的艺术家和他们想探索的艺术流派进行研究。它使孩子们感到自己是“艺术领域的专家”，在这3周里拥有自己的“工作室”，从而获得非同寻常的感受。孩子们迫不及待地想回家继续创作他们的作品。许多家庭表示这个任务持续了半个学期之久，也激发了孩子参观博物馆和艺术馆的热情——在某些情况下，这是孩子们第一次拥有这样的体验。

这项任务还为孩子们提供了一个很好的例子，说明在现实生活中做事情是需要时间的，一个人可能需要对同一件事进行多次尝试，才能对最终成果感到满意。这项任务还使艺术在课程中得到了真正的突出，鼓励孩子们觉得他们人人都可以成为艺术家。在这个例子中（见图10.3），孩子选择了关注毕加索（Picasso）和静物，在创作作品时布置了自己的“工作室”。

图10.3　在家做一个艺术家

姓　名： 巴勃罗·毕加索（Pablo Picasso）
时　间： 1881—1973
出生地： 西班牙马拉加（Malaga, Spain）

基本信息：

★ 毕加索的父亲是一位学院派画家，大学艺术教授。
★ 毕加索在 1904 年移居当时艺术家的集聚地——巴黎。在巴黎他的才华得到认可，结识了许多优秀艺术家，并与野兽派的几位代表画家建立了深厚的友谊。

主要时期

毕加索的画作形式多样，可以分为以下不同时期。

★ 蓝色时期：1900—1904
★ 玫瑰时期：1905—1906

有关夏季学期的想法 | 为期1周、2周和3周的任务

为期1周的任务的例子

夏季学期开始时，重点被放在民主、公民权和个人、社会、健康教育（PSHE）课程上。这项任务要求孩子们考虑：如果你是总理，你将如何改善不同年龄段的人，即婴儿、幼儿、小学年龄段的儿童、中学年龄段的儿童、成年人和老年人的生活？在布置这项任务的前一天，最好向孩子们展示“为我们的世界许愿”项目，鼓励孩子们实现世界的愿望，使世界变得更美好。

如果在地方或国家大选前几周布置这项任务，效果尤其明显。将这项任务与这些较为正式的活动联系起来，可以激发儿童对世界性事件的兴趣并将他们自己的想法与候选人提出的建议进行比较。

这项任务也可以进行调整，使其具有国际性——可以要求儿童思考如何改善世界不同地区人们的生活。它也可以用来挑战孩子们对过去和未来的思考：“你会如何改善维多利亚时代人们的生活？”这是研究维多利亚时代的一个完美指南。在遥远的未来，你将如何改善人们的生活？到那时，人们在全球可持续发展和气候变化方面又会有哪些新的想法？

为期2周的任务的例子

暑假往往是孩子们参加学校夏令营并在那里过夜的时候。“地图、地图、地图”的任务在外出或旅行之前很有效，它支持了地理和数学课程。这项任务要求孩子们尽可能多地寻找、说明和描述不同类型的地图。它鼓

励孩子们通过非常有创意的视角来观察世界。例如，他们可以从最广泛的意义上解释地图的概念，包括从太阳系的地图到家人最喜欢的足球场的地图等。

为期3周的任务的例子

健康饮食和健康的生活方式常常是夏季学期的主题之一。这项任务要求孩子们为自己选择的餐厅创建自己的菜单。这是一项结合了创造力、家庭生活、科学、艺术、数学和与当地社区互动的绝佳任务。这项任务为家庭提供了一个机会庆祝他们的传统，并使学校里所有人的生活变得更加丰富。这项任务要求孩子使他们菜单上的选项反映出健康的饮食，他们的菜单应该看起来尽可能的专业——就像在一个真正的餐厅里使用一样。给孩子们3周的时间来完成这项任务效果很好，因为这让他们有时间以家庭为单位在当地社区走动，查看和研究真正餐厅中的真实菜单。孩子们的家庭经常评论说，他们非常喜欢带着一项具体的任务在当地社区散步。在设定任务时，可以伴随一些提示：

◆ 他们可以和大人一起计划什么路线？他们会走多远？他们会探索新的地区吗？是否有他们可以参观的、有特定美食的地区？

◆ 如何设计菜单，使其看起来真正具有吸引力并能吸引所有人？

◆ 菜单通常包括哪些部分？

◆ 选择哪些菜肴会使它成为一家健康的餐厅？

◆ 每道菜的价格会是多少？

◆ 会不会有一个专门的儿童菜单区？是否可以设置较小分量的成人菜肴或为儿童提供特定的选择？

◆ 菜单是否照顾到顾客的饮食偏好和文化需求？

◆ 菜单是否需要包括其他细节，如食物的历史、电话号码、网站、地址、过敏信息、特别优惠等？

与所有这些任务一样，能够以喜欢的方式展示自己的工作，这样的自由激发了大量的创造力和幽默感。菜单也可以用双语写出来（这是第11章的重点）。孩子们也可以创造一些专业的东西，重点关注细节。

当收到所有的菜单，建立一个全班互动的展示台是一个非常好的主意，孩子们可以在那里查阅菜单并享受翻阅这些菜单的乐趣。展示这些菜单还可以作为数学调查的基础。由于所有的菜肴都有价格，数学调查对孩子们提出了挑战——根据不同的年龄组，调查人们会选择什么，例如，如果人们有10英镑或50英镑的代金券可以花，他们会得到多少找零？如果服务费定为餐费的10%或12%，那么服务费将是多少？这些菜单为数学研究提供了很大的空间，孩子们非常喜欢使用每个人的菜单。

本年度最后一项家庭学习任务｜儿童是终身学习者

学年结束时学生将获得一个很好的机会，让他们得以关注自己在这一年中所培养的终身学习计划（第9章）。这项任务结合了这样一个想法：将（第9章中所描述的）终身学习计划与他人的成功联系起来，使他们把现在的自己当成终身学习者。

这项任务要求他们沿着与学年初（第9章）和“学会学习周”（第6章）第5天所使用的相同的终身学习计划概念线描绘自己（图10.4）。

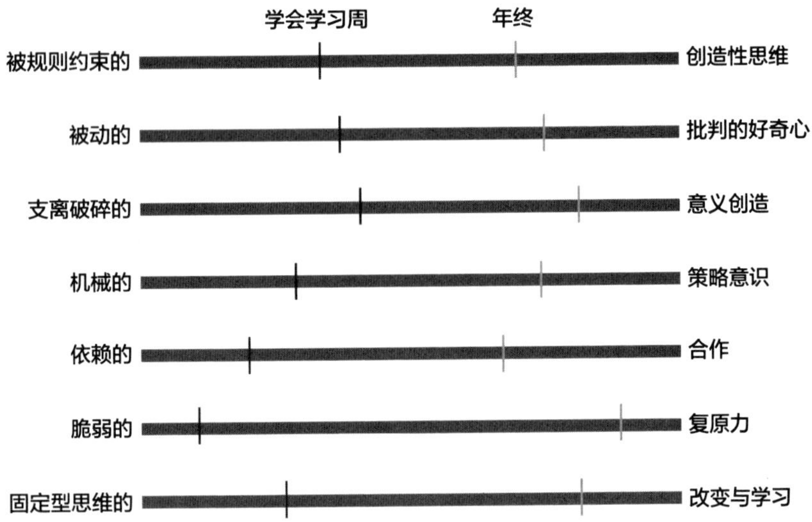

图10.4 学年结束时的家庭学习任务

作为这项任务的一部分，鼓励孩子们描述他们的思维和推理过程，使他们沿着每条线上的新位置绘制自己的地图，这是非常有用的。他们觉得自己在每条线上都有进步吗？他们能把这种进步归因于什么？例如，他们能举出什么例子来证明他们现在更有复原力了呢？他们认为自己作为终身学习者，最需要努力的是什么？

在孩子们完成了这项任务，并对他们作为终身学习者的这一年进行了元认知层面的解释后，将他们的概念线图和解释作为年终报告的一部分提交给他们的家人是非常有价值的。家人会发现，收到这样一份关于孩子作为终身学习者的具体而有趣的年终报告是很有吸引力的。

这项任务也可以通过设置不同的参数来适应不同的背景和不同的历史时期。例如，可以让孩子们想一想那些在生活中获得成功的人——他们获得成功是因为他们在终身学习的特征方面表现出了有效性。这些人包括但不限于：

- 罗马人
- 书中的人物
- 电影或戏剧中的演员
- 他们班上的朋友
- 他们的家庭成员
- 管弦乐队或运动队的成员
- 卡通人物中的超级英雄
- 学校里的人
- 他们当地社区的成员

本章提出的观点旨在为学校提供提示，使其能够在一年中定制自己的开放式家庭学习任务集合。为了对每个年级在一年中设定的为期1周、2周或3周的任务保持全校性的战略视角，学校可以创建一个总体性的战略图，如图10.5所示。

为家庭学习过程制定这些全校性的战略计划，并每年回顾其相对成功性——这样可以使家庭学习过程具有连续性和进步性，并确保孩子们在学校的整个期间体验到非常丰富的、多样的、与年龄相关的供应菜单。

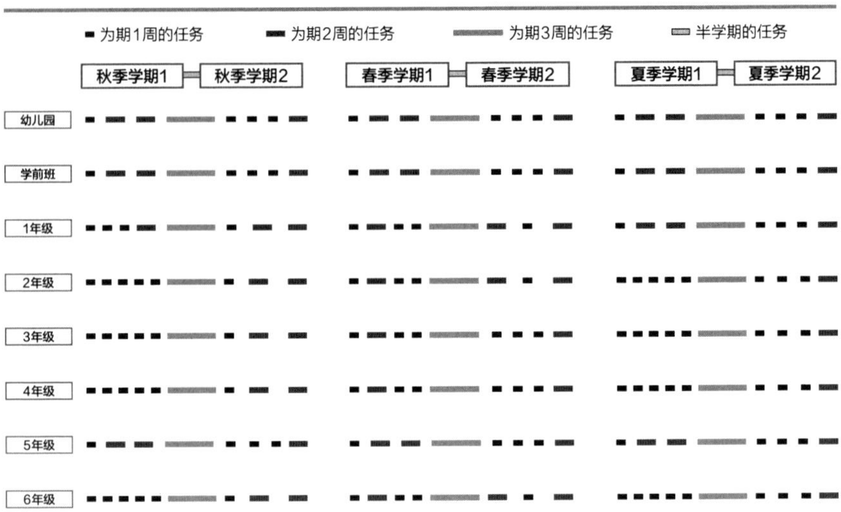

图10.5 每学年家庭学习任务的全校战略图

11

多文化课堂中的双语及多语言思维

拥抱孩子们的多样性，

这丰富了我们所有人的生活。

马塞洛·斯塔克夫

本章将向读者介绍双语及多语言思维的概念，以及双语及多语言思维教学方法如何丰富所有学生的生活。本章所列举的例子阐释了如何将双语及多语言思维方法纳入学校的学习文化及其教育理念和日常工作中。

这一章展示了支撑“不知道的快乐”问题提出学习方法的概念、原则、哲学和方法论的普遍性如何被用来进行多文化教学，拥抱每个教室、学校中存在的丰富的文化财产。

多语种、多文化课堂

我们生活在一个多文化的世界和社会中。多元文化课堂教学法有助于将这个多元文化世界带入课堂。“不知道的快乐”问题提出学习方法建立了一个学习和社会环境，反映了每个人、每个家庭和每个社会的多元性，因此，儿童不会认为学校是一个有隔阂的、无关的或多余的场所，而是将其作为他们生活中一个自然的组成部分。纳尔逊·曼德拉（Nelson Mandela）曾说：“如果你用一个人理解的语言和他说话，那就会影响他的思想。如果你用他的语言和他交谈，那就会进入他的内心。”这句话完美地说明了一种联系，这种联系使儿童感到他们的传统语言在课堂的日常教学理念中得到了重视和接纳。正如曼德拉的这句话所指出的，本章讨论了如何接纳儿童的多语言性和多文化性，使他们能够在情感与学术方面高度参与课程。

林德·金（Lind King）引用世界语言学权威大卫·克里斯托尔（David Crystal）的表述："多语言是人类的正常状态，说两种或两种以上的语言是四分之三的人类的自然生活方式。"玛丽安（Marian）和舒克（Shook）于2012年所做的研究指出，"在今天的世界人口中，双语者多于单语者"，这一趋势不仅有利于跨文化交流，而且对个人的认知能力也有着积极影响。在他们的论文《双语的认知益处》（The Cognitive Benefits of Being Bilingual）中，他们解释说，"与单语大脑相比，双语大脑拥有更好的注意力和任务切换能力"，而且双语"在整个年龄段都能产生积极影响"。他们还描述了管理多种语言似乎能对神经功能产生广泛的影响，能够建立丰富的认知控制，提升元语言意识（识别及灵活应用语言的能力），提升记忆力、视觉空间技能和创造力。

非常有趣的是，建立一个多语言的课堂对所有儿童都有好处。在伊拉兹马斯+（Erasmus+）在线平台于2016年发表的一篇访谈中，英国大学学院教育研究所的讲师迪娜·梅赫梅德贝戈维奇（Dina Mehmedbegovic）讨论了向儿童及其家庭传达儿童所说的每一种语言的重要性，将其作为教学过程的一部分，也是对未来的考虑和就业能力的一部分，使他们在未来能够将语言资本转化为经济资本。玛丽安和舒克总结说，他们从双语中观察到的认知和神经系统方面的好处并不仅仅体现在那些在双语环境中长大的孩子身上，也体现在那些后天学习第二语言的孩子身上。凯瑟琳·金兹勒（Katherine Kinzler）及心理学家波阿斯·凯萨尔（Boaz Keysar）、佐伊·利伯曼（Zoe Liberman）和萨曼莎·范在《心理科学杂志》（*Journal of Psychological Science*）上发表的一项合作研究进一步支持了这一观点。他们在研究中表明，“我们发现，当个体成长于一个有多种语言体验的环境时，这种社会优势才会存在——它并非来自双语本身”。

讨论要点

第7章讨论了诊断、解决并努力消除一些儿童在入学之初存在的字词理解方面差距的重要性，这种差距不利于他们在学校取得进步且获得未来发展的机会。那些在理解英语词汇方面存在问题的儿童，他们对于母语的掌握程度是怎样的？换句话说，他们是否能够成功地运用母语进行认知，而仅仅是无法理解和应用英语呢？如果是这样，那么使用多语言教学法，学生可能会获得哪些额外的成功机会呢？

激发课堂上的双语及多语言思维

弗雷泽·劳克伦（Fraser Lauchlan）于2012年在思克莱德大学进行的一项研究发现，双语对儿童的创造性思维和解决问题的能力有着积极的影响。有趣的是，阿丽亚娜·德·维拉（Ariadne de Villa）于2017年发表的文章《语言学习和教学中的批判性思维》（Critical Thinking in Language Learning and Teaching）指出，批判性思维被视为学习第二语言的重要工具。如果儿童能够发展他们的批判性思维能力，那么他们在多语言学习环境中茁壮成长的能力就会提高。这些研究表明，批判性思维和多语言学习环境之间存在着一种共生关系，也就是说，它们相互补充。

因此，有没有一种方法可以利用双语及多语言思维来提升儿童的批判性思维能力，作为其日常工作的一部分？本章从多语言的角度说明了如何通过使用第7章提到的“思维技能启蒙”来实现这一目标。

在一天之初所创造的多元文化精神影响了一天中所发生的一切，并帮助孩子们使用他们的多语言和多元文化的全部技能，以学习者和元认知思考者的角色在学习过程的6个阶段中取得成功，这些阶段已在第2章中用图表介绍过。在图11.1中，位置1—位置6定义了学习者**从不知道到知道**的过程。

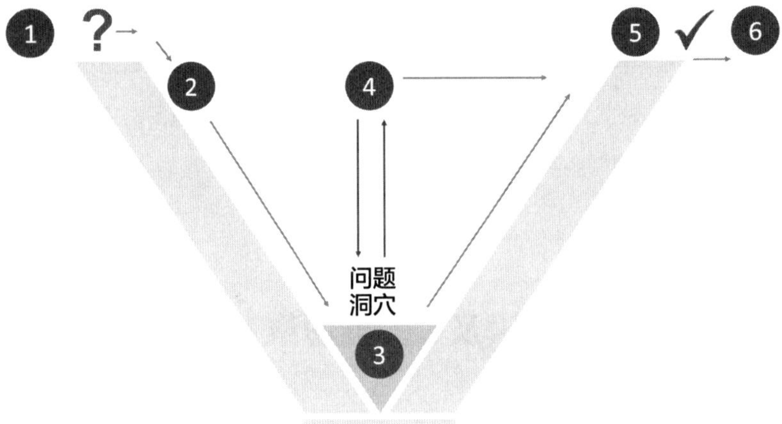

图11.1 “不知道的快乐”学习如何学习模型

双语及多语言思维方法在以下方面也非常有益：

1. 促进儿童智慧游戏的能力（卓越、丰富、快乐模型，第4章）

用要求儿童进行双语思考的任务来启发他们，使他们有机会参与能够提升高阶思考技能的扩展任务，而不是做更多重复的活动。例如，当孩子们解决了一个问题并走出了洞穴，他们就有机会回到洞穴里，第二次从洞穴里出来，他们会用不同的语言来解决问题。

2. 加强儿童参与一项任务的能力

激发孩子们的兴趣，让他们有机会用自己喜欢的语言来完成一项任务。例如，如果任务是写诗，那么让孩子们首先探索一种方法，可以用最接近他们内心语言的想法和感受来创作，可能是非常好的。这一原则可以扩展到多语言、多文化课堂环境中的所有课程领域中。

3. 设置多语言家庭学习任务

在家庭学习任务中，一个孩子用西班牙语和英语设计了自己的菜单，这个例子说明了多语言思维如何在课堂之外和家庭中产生强大的影响。

讨论要点

在这一点上，对教职工来说一个有趣的练习是如何将这种多语言和多文化的方法发展到涵盖课程的所有领域。是否有可能在所有科目中为学生提供双语思考的机会？是否有可能将第二语言教学，即现代外语课程的一部分，纳入本章所提出的多语言教学方法？

确定双语及多语言思维方法的3个关键方面

双语及多语言思维方法定义了3个不同的方面来促进多语言思维：独立使用语言、将语言与确定的某些结构结合起来，以及在没有任何预先设定的条件下结合使用语言（见图11.2）。

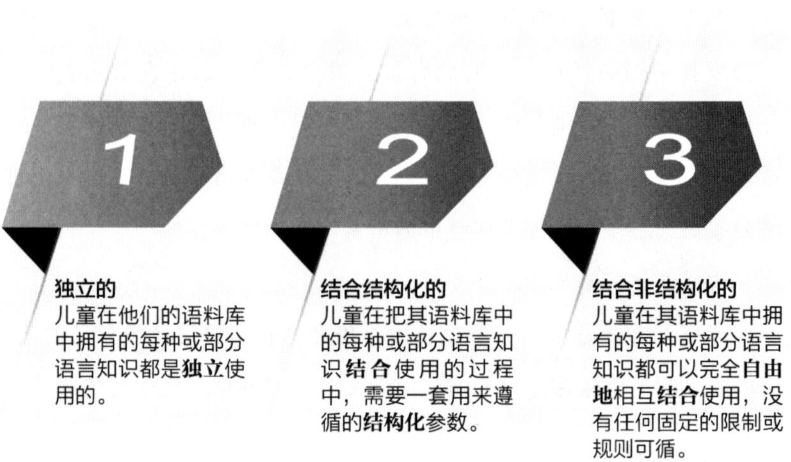

图11.2 双语及多语言方法的3个关键方面

双语及多语言思维方法的3个关键方面｜理论付诸实践

独立使用语言

独立的双语及多语言思维采用了多语言的方法来进行思维能力的启动，让儿童有机会用一种以上的语言来完成同一项任务。

让我们以创建“某一主题的A—Z”的挑战为例，说明这种多语言创造性思维的方法可以提供的机会：

- 孩子A用A语言完成挑战，因为这是他唯一熟悉的语言。
- 孩子B用B语言或他熟悉的任何其他语言完成挑战。

◆ 如果孩子A和孩子B在同一个班级，那么他们之间分享想法将丰富彼此和整个班级的文化意识。

◆ 孩子C用一种语言完成了任务，并被鼓励用另一种（或几种）语言再进行一次同样的挑战——他要么能流利地使用这种（这些）语言，要么正在学习中。

◆ 当孩子A、B和C分别使用一种语言来完成任务时，所有的孩子都对另一种语言及其词汇有了更多的了解。如果这种对语言的学习是他们上现代外语课程应掌握的一部分，那么将是非常宝贵的。

在使用不同语言完成任务的过程中，孩子有机会从双语或双语环境中得到好处——认知、神经发展及社会方面。如果我们以“创建健康生活的A—Z”为例，鼓励全班同学使用上述儿童A、B和C所描述的各种方法参与到“思维技能启蒙”中，那么他们分享的结果可能是用英语编制的A—Z清单和用其他语言编制的A—Z清单。当分析这些用一种以上的语言编制的清单时，可能会出现一些非常有趣的观察结果，可以用来促进和发展儿童的批判性好奇心和创造性思维能力：

◆ 可以发现语言之间的相似之处。例如，西班牙语中的“tomate”和英语中的“tomato”似乎源自同一个词根；这是一个很好的机会，可以更详细地探索这些词的词源。

◆ 发现相似之处也可能激发一些富有“游戏性”的思考。例如，儿童可能会发现英语中的“生菜”（lettuce）和西班牙语中的“生菜”（lechuga）以相同的两个字母开头，而且可能源自或不源自一个共同的词根。

◆ 在比较用不同语言制作的答案集时所做的区分可以让我们对不同的文化和传统有更深入的了解。例如，其中一个版本可能包含一种食物，它只在世界的某一个地区或部分地区存在。

讨论要点

这是一个很好的机会，看看是否有任何挑战可以翻译成你的学生所讲的其他语言。能否由学生或其家庭成员来翻译这些挑战?

使用结构化方法结合使用语言

双语及多语言思维的第2个关键方面是鼓励儿童集中他们所有的语言资源并同时使用。交替使用一种以上的语言来解决一个问题，使学习者能够利用每种语言所提供的特殊观点和细微差别，并使他们能够受益于这种“积累”效应。这一过程在文献中被描述为“语言转换”。本节和下一节中的例子说明了如何通过结构化的方法向儿童展示语言转换。

在使用这种翻译方法的情况下，儿童被要求遵循一些特定的参数或指令。例如，在双语或多语言版本的A—Z挑战中，儿童被要求用交替语言说出以“A—Z”开头的动物。例如，A需要用西班牙语，B需要用英语，C需要用西班牙语，D需要用英语，依此类推：

A	**羊驼（Alpacas，西班牙语）**
B	獾（Badger，英语）
C	**鳄鱼（Cocodrilos，西班牙语）**
D	狗（Dog，英语）

与上一节一样，这个例子可以适用于任何一种或多种语言。例如，三语教学法可要求儿童对A、B和C各自使用不同的语言，对D、E和F则重复这一模式，依此类推。

使用非结构化方法结合使用语言

在第3种情况下，儿童在使用多语言的过程中，不需要任何预设的参数或限制，就可以使用他们的整个语料库。他们的多语言知识只是变成了一个知识库，他们在使用时不需要区分他们所使用的特定词汇属于哪种语言，但他们仍能准确理解每种语言本身是如何作为一个独立实体被正确使用的。

值得注意的是，加里蒂（Garrity）、阿基诺–斯特林（Aquino–Sterling）和戴（Day）在2015年描述了超语实践是如何作为一个强有力的工具出现的，它帮助他们记录了婴幼儿西班牙语/英语课程的第1年。他们解释说，在他们的研究中，就像下面的例子一样，“婴幼儿不受隐性或显性规则的约束，不受在什么时候使用什么语言，与谁使用，或在什么情况下使用的约束”。他们解释说，在他们的多语言教室里，“儿童和教师在日常生活中都能流畅地使用语言”。

语言也可以与数学相结合，用流畅的多语言方法可以培养创造性思维。例如，在下面的挑战中，孩子们需要使用单词或短语来定义每个数字，但该单词或短语的字母数必须与被定义的数字相同：

“1”可以被定义为“a”，因为“a”以1个字母表示1。

“2”可以被定义为“bi”，因为“bi”以2个字母表示2。

“3”可以被定义为“tri”，因为“tri”以3个字母表示3。

“4”可以被定义为“quad”或“four”，因为“quad”或“four”都是以4

个字母表示4。

“5”可以采取多语言的方式，在西班牙语中“cinco”以5个字母表示5。

“6”可以用英文的6个字母组合“one（1个）six（6个）”表示。

“7”又回到西班牙语，可以用“un（1个）siete（7个）”，即7个字母表示7。

观察儿童在这个挑战中能走多远，以及他们在定义每个数字时能使用多少种语言是有趣的。梅赫梅德贝戈维奇（Mehnedbegovic）于2016年指出，使用两种语言的儿童能够更好地专注于任务，并忽略无关的干扰。他认为，这在像数学这样的子项目中尤其重要，“在这些项目中，你需要使用更多的抽象思维，因为两种语言可以发展抽象思维，也可以发展元语言技能，这有助于儿童学习多种语言”。

流动的多语言教室、学校和社会

一个社会的命运最终取决于其儿童在语言方面得到的学校教育的质量。

约翰·阿姆司·夸美纽斯

（John Amos Comenius），

捷克哲学家

在这一章中，我们看到了多语言和多文化的教学方法和学校生活带给孩子的益处，无论他们是精通另一种语言，或是正在学习另一种语言，抑或是只使用一种语言，他们都能够从多语言的学习环境中受益。来自根特大学多样性和学习中心的奈尔·福斯特（Nell Foster）在2019年接受伊拉兹马斯+在线平台的采访时指出，“研究表明，在课堂上使用家庭语言有助于儿童取得更好的进步，有助于他们在学校获得幸福感，可以帮助他们以更有意义的方式参与课程，并被定位为合格的学习者。当我们允许儿童在课堂上使用他们的家庭语言时，可以让他们变得自信，更积极地参与学习，这意味着他们可以因为他们原本是谁而受到重视，而不是因为他们学会了某种语言就会成为谁”。这一观点与支撑“不知道的快乐”问题提出学习方法的所有原则以及建立其学习文化有着奇妙的联系，可以帮助孩子在现在及未来自由发展。

讨论要点

作为学校教育团队的一员，讨论发展全校性跨语言教学方法的可能性是很有意义的。

讨论要点

在课程中的某些领域使用一种以上的语言是否比其他领域更容易实现？能否在不影响儿童对所教技能的理解的情况下实现这一点?

讨论要点

双语学校使用的各种教学方法（例如过渡性的、完全的、部分的和双语言沉浸式的方案）如何帮助这些学校发展多语言的教学方法，并探讨这些方法中可以纳入你班级日常教学的元素?

讨论要点

如何更好地将本章中的每一个想法适用于每个学校和班级的年龄组和背景？正如梅赫梅德贝戈维奇所建议的："教师可以发展反思性实践，他们经常问自己，我的课程和我的教学是否反映了学生的语言能力？"

讨论要点

奈尔·福斯特定义了功能性多语言学习的3大支柱：安全的班级教室环境、儿童用其他语言互动的可能性，以及创造有意义的多语言活动以实现现实生活中的目标。

作为一名母语为西班牙语的人，我探索了"不知道的快乐"问题提出的教育哲学在主要教学语言为西班牙语的环境中的可迁移性。因借调到布莱顿大学担任讲师，我有机会通过与坎塔布里亚大学和位于西班牙桑坦德的学校合作的项目在国际交流、实践层面发展"不知道的快乐"问题提出学习方法。作为萨塞克斯大学的讲师，通过与西班牙马德里和阿根廷布宜诺斯艾利斯的英语—西班牙语双语学校的教师合作，我进一步对其进行了完善。"不知道的快乐"问题提出学习方法的非规定性和开放性为世界各地的实践者提供了解释方法和塑造思想的机会，以丰富他们的实践和教育哲学。国际合作表明支持"不知道的快乐"问题提出学习方法的思想和原则可以被普遍应用。

本书伊始描述了"不知道的快乐"问题提出学习方法的演变过程，它是为了消除我们在不确定或不知道的情况下所面临的恐惧，并以一种内在的积极态度和想知道的热情来取代这些恐惧。在本书的结尾，我希望分享在马德里的一所合作学校中，一名7岁的孩子以“快乐洞穴”描绘他所理解的“问题洞穴”（见图11.3）。

画中孩子表现的快乐与不知道、想知道的连接形象而巧妙地诠释了“不知道的快乐”问题提出的哲学与学习方法为孩子带来的富有变革性的积极影响。

图11.3 快乐洞穴